REORGANIZAR A SOCIEDADE

Título original: *Plan des Travaux Scientifiques Nécessaires pour Réorganiser la Société*
Copyright © Editora Lafonte Ltda., 2005

Todos os direitos reservados.
Nenhuma parte deste livro pode ser reproduzida sob quaisquer
meios existentes sem autorização por escrito dos editores.

Direção Editorial	*Ethel Santaella*
Tradução	*Antonio Geraldo da Silva*
Revisão	*Denise Camargo*
Texto de capa	*Dida Bessana*
Diagramação	*Demetrios Cardozo*
Imagem de Capa	*danjazzia / Shutterstock.com*

Dados Internacionais de Catalogação na Publicação (CIP)
(Câmara Brasileira do Livro, SP, Brasil)

```
Comte, Augusto, 1798-1857
   Reorganizar a sociedade / Augusto Comte ;
tradução Antonio Geraldo da Silva. -- São Paulo :
Lafonte, 2021.

   Título original: Plan des travaux scientifiques
nécessaires pour réorganiser la société.
   ISBN 978-65-5870-150-7

   1. Positivismo - Século 19 - História I. Título.

21-76044                                    CDD-146.4
```

Índices para catálogo sistemático:

1. Positivismo : Filosofia   146.4

Cibele Maria Dias - Bibliotecária - CRB-8/9427

Editora Lafonte

Av. Profª Ida Kolb, 551, Casa Verde, CEP 02518-000, São Paulo-SP, Brasil - Tel.: (+55) 11 3855-2100,
Atendimento ao leitor (+55) 11 3855- 2216 / 11 – 3855 – 2213 – *atendimento@editoralafonte.com.br*
Venda de livros avulsos (+55) 11 3855- 2216 – *vendas@editoralafonte.com.br*
Venda de livros no atacado (+55) 11 3855-2275 – *atacado@escala.com.br*

Augusto Comte

Reorganizar a Sociedade

Tradução
Antonio Geraldo da Silva

Lafonte

Brasil – 2021

Apresentação

Filósofo, fundador do positivismo, nesta obra Augusto Comte discorre sobre a sociedade de sua época (século XIX), enfocando-a, porém, num plano histórico amplo, dividindo-a em diversas etapas, desde sua organização primitiva, em sua marcha progressiva através dos séculos e milênios. Na verdade, ao analisar a história e convocar os princípios que regeram os destinos da humanidade, sobretudo nos dois últimos milênios, Comte afirma que a sociedade chegou numa encruzilhada em que não tem outra opção: ou se extingue ou se reorganiza.

Apesar disso, concorda que a sociedade foi se depurando gradualmente, desde suas origens, eliminando mazelas seculares, como a escravidão e as guerras de destruição total, superando sistemas inadequados de gerir o social, como a ingerência da religião na política e no governo dos povos, excluindo definitivamente erros que conduziriam o grupo social ao desmantelamento total, como a supressão das liberdades individuais, e a intolerância religiosa e étnica. Com todos esses passos em direção a uma afirmação positiva dos valores individuais incluídos no grupo social, verificou-se uma contínua e progressiva marcha da sociedade em direção à sua maturidade, embora lhe falte ainda elementos essenciais para que possa estabelecer-se como valor supremo e polo de integração total do homem pelo homem politicamente inserido nas comunidades local, regional e universal, comunidades que se identificam com a sociedade, que significa sistema social organizado em prol do indivíduo, elemento primeiro do progresso social e positivo.

Colocados esses princípios dessa forma, Comte afirma que o estágio atual da civilização se configura como uma situação de limite, existindo dois movimentos que agitam a sociedade: um que se reporta ao passado distante ou menos e que persiste em restaurá-lo, definindo-se como movimento de desorganização; e outro que, projetando-se para o futuro a partir das conquistas do passado, é chamado de movimento de reorganização. No primeiro, a sociedade corre o perigo de mergulhar numa anarquia moral e política, risco que a ameaça de dissolução. O segundo pretende conduzir a sociedade ao estado pleno e definitivo da espécie humana, ressaltando todos os valores positivos do homem e do sistema social e valendo-se deles para instaurar uma sociedade, senão perfeita, pelo menos voltada para esse objetivo supremo.

Os meios para atingir esse objetivo, as crises a superar, as tendências a apoiar, os aspectos a privilegiar, tudo isso é analisado pelo autor neste opúsculo. É ler e conferir.

Ciro Mioranza

Plano dos trabalhos científicos necessários para reorganizar a sociedade

Maio de 1822

Introdução

Um sistema social que se extingue, um novo sistema que chega a sua inteira maturidade e que tende a se constituir, esse é o caráter fundamental destinado à época atual pelo andamento geral da civilização. Em conformidade com esse estado de coisas, dois movimentos de natureza diferente agitam hoje a sociedade: um de desorganização, outro de reorganização. No primeiro, considerado isoladamente, a sociedade é arrastada para uma profunda anarquia moral e política que parece ameaçá-la por uma próxima e inevitável dissolução. No segundo, ela é conduzida para o estado social definitivo da espécie humana, aquele que mais convém a sua natureza, aquele em que todos os seus meios de prosperidade devem merecer o mais amplo desenvolvimento e sua aplicação mais direta. É na coexistência dessas duas tendências opostas que consiste a grande crise experimentada pelas nações mais civilizadas. É sob esse duplo aspecto que essa crise deve ser encarada para ser compreendida.

Desde o momento em que essa crise começou a manifestar-se até o momento presente, a tendência para a desorganização do antigo sistema foi dominante, ou melhor, é ela ainda a única que se pronunciou com toda a nitidez. Estava na natureza das coisas que a crise começasse desse modo, o que foi útil, a fim de que o antigo sistema fosse realmente modificado para permitir proceder diretamente à formação do novo.

Mas hoje, quando essa condição está plenamente satisfeita, hoje que o sistema feudal e teológico está tão atenuado quanto possível para que o novo sistema comece a se estabelecer, a preponderância que a tendência crítica ainda conserva é o maior obstáculo aos progressos da civilização e até mesmo à destruição do antigo sistema. Essa preponderância é a causa primeira desses abalos terríveis e que se repetem sem cessar, os quais acompanham sempre a crise.

A única maneira de pôr termo a essa situação tempestuosa, de deter a anarquia que invade dia após dia a sociedade, numa palavra, de reduzir a crise a um simples movimento moral, é a de determinar as nações civilizadas a deixar a direção crítica para tomar a direção orgânica, a envidar todos os seus esforços para a formação do novo sistema social, objeto definitivo da crise e para o qual tudo o que foi feito até o presente não passou de simples preparação.

Essa é a primeira necessidade da época atual. Esse é também, em resumo, o objetivo geral de meus trabalhos e o objetivo especial deste escrito que tem por objeto pôr em ação as forças que devem impelir a sociedade na rota do novo sistema.

Um exame sumário das causas que até o momento impediram e que ainda impedem a sociedade de tomar abertamente a direção orgânica deve naturalmente preceder a exposição dos meios a empregar para convencê-la a se empenhar nisso.

Os múltiplos e contínuos esforços, feitos pelos povos e pelos reis, para reorganizar a sociedade, provam que a necessidade dessa reorganização geralmente é sentida. Mas é, de parte e de outra, sentida de modo vago e impreciso. Essas duas espécies de tentativas, embora opostas, contêm igualmente vícios em suas relações recíprocas. Nunca conseguiram até o momento presente e jamais poderiam conseguir algum resultado verdadeiramente orgânico. Longe de tender a encerrar a crise, só contribuem para prolongá-la. Essa é a verdadeira causa que, apesar de tantos esforços, retendo a sociedade na direção crítica, a abandona como presa das revoluções.

Para estabelecer essa asserção fundamental, basta lançar um olhar genérico nas tentativas de reorganização empreendidas pelos reis e pelos povos.

O erro cometido pelos reis é mais fácil de distinguir. Para eles, a reorganização da sociedade é o restabelecimento puro e simples do sistema feudal e teológico em toda a sua plenitude. A seus olhos, não há outro meio de interromper a anarquia que resulta da decadência desse sistema.

Seria pouco filosófico considerar essa opinião como se fosse ditada principalmente pelo interesse particular dos governantes. Por mais quimérica que seja, ela se apresentou naturalmente aos espíritos que procuram de boa-fé remédio para a crise atual e que sentem, em toda a sua extensão, a necessidade de uma reorganização, mas que não levaram em consideração a marcha geral da civilização e que, encarando somente o estado presente das coisas sob um único prisma, não percebem a tendência da sociedade para o estabelecimento de um novo sistema, mais perfeito e não menos consistente que o antigo. Numa palavra, é natural que essa maneira de ver seja propriamente aquela dos governantes, pois, do ponto de vista em que estão situados, devem necessariamente perceber com maior evidência o estado anárquico da sociedade e, por conseguinte, experimentar com mais intensidade a necessidade de remediar esse estado de coisas.

Não é esse o lugar para insistir sobre o absurdo manifesto de tal opinião. Hoje é universalmente reconhecida pela massa dos homens esclarecidos. Sem dúvida, os reis, ao procurarem reconstruir o antigo sistema, não compreendem a natureza da crise atual e estão longe de terem comensurado toda a extensão de seus empreendimentos.

A queda do sistema feudal e teológico não é devido, como eles creem, a causas recentes, isoladas e de algum modo acidentais. Em lugar de ser o efeito da crise, ela é, pelo contrário, o princípio. A decadência desse sistema se efetuou de maneira contínua durante os séculos precedentes, em consequência de modificações, totalmente independentes da vontade humana, para as quais todas as classes da sociedade concorreram e para as quais os próprios reis foram muitas vezes os primeiros agentes ou os mais ardentes promotores. Numa palavra, essa foi a consequência necessária da marcha da civilização.

Não bastaria, portanto, para restabelecer o sistema antigo, fazer a sociedade retroceder até a época em que a crise atual começou a se pronunciar, pois, admitindo-se que se chegou a isso, o que é absolutamente impossível, só teríamos recolocado o corpo social na situação de que a crise necessitou. Seria necessário, portanto, remontando através dos séculos, recuperar sucessivamente todas as perdas que o antigo sistema foi sofrendo há seiscentos anos, ao lado das quais as perdas que foram sentidas nos últimos trinta anos não têm importância alguma.

Para chegar a isso, não haveria outro meio senão o de anular um a um todos os progressos da civilização que causaram essas perdas.

Assim, por exemplo, seria em vão supor destruída a filosofia do século XVIII, causa direta da queda do antigo sistema, sob o ponto de vista espiritual, se não fosse suposta também a abolição da reforma do século XVI, desde que a filosofia do último século não seja senão sua consequência e seu desenvolvimento. Mas como a reforma de Lutero não é, por sua vez, mais do que o resultado necessário do progresso das ciências de observação introduzidas na Europa pelos árabes, nada teria sido feito para assegurar o restabelecimento do antigo sistema, se não se conseguisse também abafar as ciências positivas.

De igual modo, sob o ponto de vista temporal, seríamos conduzidos, passo a passo, até recolocar as classes industriais em estado de servidão, porque, em última análise, a libertação das comunas é a causa primeira e geral da decadência do sistema feudal. Enfim, para acabar de caracterizar tal empreendimento, após ter vencido tantas dificuldades, a menor das quais, considerada isoladamente, está acima de todo o poder humano, não teríamos ainda conseguido nada mais do que adiar a queda definitiva do antigo sistema, obrigando a sociedade a recomeçar sua destruição, porque não teríamos extinguido o princípio de civilização progressiva, inerente à natureza da espécie humana.

Um projeto tão monstruoso, por sua extensão e por seu absurdo, não poderia evidentemente ter sido concebido em seu conjunto por qualquer cabeça. Apesar de tudo, cada um pertence ao próprio século. Os espíritos que imaginam realmente lutar contra a marcha da civilização obedecem, inconscientemente, a sua irresistível influência e concorrem por si a colaborar com ela.

Por isso, os reis, ao mesmo tempo que projetam reconstruir o sistema feudal e teológico, caem em contradições perpétuas, contribuindo por seus próprios atos, seja para tornar mais completa a desorganização desse sistema, seja para acelerar a formação daquele que deverá substituí-lo. Os fatos desse gênero se oferecem em quantidade ao observador.

Para indicar aqui somente os mais notáveis, vemos os reis empenharem-se com orgulho em encorajar o aperfeiçoamento e a propagação das ciências e das belas-artes e em estimular o desenvolvimento da indústria; e os vemos criar, para esse efeito, numerosos e úteis estabelecimentos, ainda que, em última análise, ao progresso das ciências, das artes e das indústrias, deve ser creditada a decadência do antigo sistema.

Foi dessa maneira ainda que, pelo tratado da santa aliança, os reis degradaram tanto quanto puderam o poder teológico, base principal do antigo sistema, quando formaram um conselho europeu supremo, no qual esse poder sequer possui uma voz consultiva.

Enfim, a forma pela qual hoje as opiniões se dividem com relação à luta empreendida pelos gregos oferece um exemplo ainda mais sensível desse espírito de inconsequência. Pode-se ver, nessa ocasião[1], que os homens que pretendem restituir às ideias teológicas sua antiga influência constatam eles próprios involuntariamente a decadência dessas ideias em seu próprio espírito, não receando até em proferir a favor do maometismo um voto que lhes valeria a acusação de sacrilégio nos tempos de esplendor do antigo sistema antigo.

---

(1) Para ver todo o alcance desse fato, convém relembrar que o próprio Papa se manifestou no mesmo sentido, quando recusou formalmente aos jovens da nobreza romana a permissão de socorrer os gregos.

Acompanhando a série de observações que acaba de ser indicada, cada um pode facilmente acrescentar novos fatos que se multiplicam diariamente. Os reis não fazem, por assim dizer, um só ato, uma só diligência, tendendo ao restabelecimento do antigo sistema, que não seja logo seguido de outro ato dirigido em sentido contrário; e muitas vezes a mesma ordenação contém um e outro.

Essa incoerência radical é o que há de mais próprio para expor à luz do dia o absurdo de um plano que sequer é compreendido por aqueles que seguem sua execução com maior ardor. Ela mostra claramente como a ruína do antigo sistema é completa e irrevogável. É inútil entrar aqui em maiores detalhes a esse respeito.

A maneira pela qual os povos conceberam até o presente a reorganização da sociedade não é menos viciada, embora sob outros aspectos, que aquela dos reis. Somente seu erro é mais desculpável, porquanto os povos se afastam na procura do novo sistema para o qual a marcha da civilização os arrasta, mas cuja natureza não ficou ainda claramente determinada, ao passo que os reis perseguem um empreendimento cujo estudo pouco atento do passado demonstra, com plena evidência, o absurdo total. Numa palavra, os reis estão em contradição com os fatos e os povos estão em contradição com os princípios, o que é sempre mais difícil de não perder de vista. Mas o erro dos povos é bem mais importante desarraigar do que aquele dos reis porque somente ele constitui um obstáculo essencial à marcha da civilização e porque, por outro lado, o primeiro erro apenas confere alguma consistência ao segundo.

A opinião dominante no espírito dos povos sobre a maneira pela qual a sociedade deve ser reorganizada tem por traço característico uma profunda ignorância das condições fundamentais que um sistema social qualquer deve preencher para ter uma consistência verdadeira. Ela se reduz a apresentar, como princípios orgânicos, os princípios críticos que serviram para destruir o sistema feudal e teológico ou, em outros termos, para acatar simples modificações desse sistema para as bases daquele que será necessário estabelecer.

Que sejam examinadas, por exemplo, com atenção, as doutrinas que hoje merecem maior crédito entre os povos, nos discursos de seus partidários mais capazes e nos escritos que apresentam a exposição mais metódica; que, depois de tê-las considerado em si mesmas, se observe sua formação sucessiva ao longo da história e serão estimadas como concebidas num espírito puramente crítico que não poderia servir de base a uma reorganização.

O governo que, em todo estado regular das coisas, é a cabeça da sociedade, o guia e o agente da ação geral, é sistematicamente despojado, por essas doutrinas, de todo princípio de atividade. Privado de toda participação importante na vida do conjunto do corpo social, ele se reduz a um papel absolutamente negativo. Chega-se até mesmo a ver toda a ação do corpo social sobre seus membros como se devesse ficar estritamente limitada à manutenção da tranquilidade pública, o que nunca pôde ser, em nenhuma sociedade ativa, senão um objeto subalterno que o desenvolvimento da civilização atenuou até mesmo singularmente sua importância, tornando a ordem a ser mantida muito fácil.

O governo não é mais concebido como o chefe da sociedade, destinado a unir em feixe e a dirigir para um fim comum todas as atividades individuais. É representado como um inimigo natural, acampado no meio do sistema social, contra o qual a sociedade deve se fortalecer pelas garantias que conquistou, mantendo-se perante ele num estado permanente de desconfiança e de hostilidade defensiva, pronta a explodir ao primeiro sinal de ataque.

Se do todo passarmos aos detalhes, o mesmo espírito se apresenta mais claramente ainda. É o que bastará mostrar aqui para os pontos principais que se referem ao espiritual e ao temporal.

O princípio dessa doutrina, sob o aspecto espiritual, é o dogma da liberdade ilimitada da consciência. Examinando no mesmo sentido em que foi primitivamente concebido, ou seja, como tendo uma destinação crítica, esse dogma não passa da tradução de um grande fato geral, a decadência das crenças teológicas.

Resultado dessa decadência, contribuiu, por uma reação necessária, poderosamente para acelerá-la e propagá-la, mas é precisamente nisso que, pela natureza das coisas, sua influência foi limitada. Está apenas na linha dos progressos do espírito humano, na medida em que seja considerado como meio de luta contra o sistema teológico. Sai dessa linha e perde todo o seu valor logo que se queira ver nele uma das bases da grande reorganização social, reservada à época atual; então, torna-se até mesmo tão nocivo quanto foi útil, porque se transforma num obstáculo a essa reorganização.

Com efeito, sua essência é a de impedir o estabelecimento uniforme de qualquer sistema de ideias gerais, sem o qual contudo não poderá haver sociedade, porquanto proclama a soberania de cada razão individual. De fato, qualquer que seja o grau de instrução que a massa dos homens possa atingir, é evidente que a maior parte das ideias gerais destinadas a tornar-se usuais só poderão ser admitidas por mera confiança, e não em decorrência da demonstração. Desse modo, tal dogma não é aplicável, por sua natureza, senão às ideias que devem desaparecer, porque se tornam então indiferentes; e, de fato, só a elas foi aplicado, no momento em que elas começavam a declinar e para apressar sua queda.

Aplicá-las ao novo sistema ou ao antigo e, com mais forte razão, considerá-las como um princípio orgânico é cair na mais estranha contradição; e se tal erro pudesse ser duradouro, a reorganização da sociedade seria para sempre impossível.

Não há liberdade de consciência no estudo da astronomia, da física, da química, da fisiologia, no sentido que todos achariam absurdo não acreditar fielmente nos princípios estabelecidos nessas ciências por homens competentes. Se o mesmo não ocorre na ciência política, explica-se pelo fato de, uma vez que os antigos princípios caducaram e os novos não se formaram ainda, não haver, propriamente falando, nesse intervalo princípios estabelecidos. Mas converter esse fato passageiro em dogma absoluto e eterno, transformá-lo em máxima fundamental, é evidentemente proclamar que a sociedade deve permanecer sempre desprovida de doutrinas gerais. Deve-se convir que tal dogma merece, com efeito, as recriminações de anarquia que lhe são dirigidas pelos melhores defensores do sistema teológico.

O dogma da soberania do povo é aquele que corresponde, sob o aspecto temporal, ao dogma que acaba de ser examinado e que não passa senão da respectiva aplicação política. Esse dogma foi criado para combater o princípio do direito divino, base política geral do antigo sistema, pouco tempo depois que o dogma da liberdade de consciência foi formulado para destruir as ideias teológicas sobre as quais esse princípio estava fundado.

O que foi dito a respeito de um é, portanto, aplicável ao outro. O dogma antifeudal, assim como o dogma antiteológico, cumpriu seu destino crítico, termo natural de sua carreira. O primeiro não pode mais ser a base política da reorganização social nem o segundo pode ser sua base moral. Ambos nascidos para destruir, são igualmente impróprios para fundar.

Se um deles, desde que se queira ver nele um princípio orgânico, não apresenta outra coisa senão a infalibilidade individual que substitui a infalibilidade papal, o outro igualmente não faz outra coisa que substituir a arbitrariedade dos reis pela arbitrariedade dos povos, ou melhor, pela arbitrariedade dos indivíduos. O segundo tende para o desmembramento geral do corpo político, ao induzir a depositar o poder nas classes menos civilizadas, e o primeiro tende para o total isolamento dos espíritos, ao investir os homens menos esclarecidos de um direito de controle absoluto sobre o sistema de ideias gerais, retido pelos espíritos superiores para servir de guia à sociedade.

É fácil transferir para cada uma das ideias mais particulares de que se compõe a doutrina dos povos o exame que acaba de ser apresentado pelos dois dogmas fundamentais. Encontrar-se-á sempre um resultado semelhante. Constatar-se-á que todas as ideias, como as duas principais, não passam do enunciado dogmático de um fato histórico correspondente, relativo à decadência do sistema feudal e teológico. Reconhecer-se-á igualmente que todas essas ideias têm um destino puramente crítico que constitui seu único valor, mas que as torna absolutamente inaplicáveis na reorganização da sociedade.

Assim, o exame aprofundado da doutrina dos povos confirma o que um breve exame filosófico poderia levar a prever, ou seja, que máquinas de guerra não poderiam, por uma estranha metamorfose, transformar-se subitamente em instrumentos de edificação. Essa doutrina, puramente crítica em seu conjunto e em seus detalhes, teve sem dúvida a maior importância para apoiar a marcha natural da civilização, enquanto a ação principal teve de ser a luta contra o antigo sistema. Mas, concebida como se tivesse de presidir a reorganização social, é de uma insuficiência absoluta. Ela coloca forçosamente a sociedade num estado de anarquia constituída, tanto no plano temporal como no espiritual.

Sem dúvida, condizia com a fraqueza humana o fato de que os povos começassem por adotar como orgânicos os princípios críticos com os quais a aplicação contínua os havia familiarizado. Mas a insistência em tal erro não deixa de ser o maior obstáculo à reorganização da sociedade.

Após ter considerado separadamente as duas maneiras diferentes pelas quais os povos e os reis concebem essa reorganização, se comparadas uma com a outra, pode-se constatar que cada uma delas, por vícios que lhes são próprios, é igualmente impotente para colocar a sociedade numa direção verdadeiramente orgânica e também para evitar no futuro o retorno das tempestades, pelas quais a grande crise que caracteriza a época atual foi até o presente constantemente acompanhada. As duas maneiras são anárquicas no mesmo grau; uma por sua natureza íntima, a outra por suas consequências necessárias.

A única diferença que existe entre ambas a esse respeito é que, na opinião dos reis, o governo se constitui intencionalmente em oposição direta e contínua com a sociedade, ao passo que, na oposição dos povos, é a sociedade que se estabelece sistematicamente num estado permanente de hostilidade contra o governo.

Essas duas opiniões opostas e igualmente viciadas tendem, pela natureza das coisas, a fortalecer-se mutuamente e, em consequência, a alimentar indefinidamente a fonte das revoluções.

Por um lado, as tentativas dos reis para reconstruir o sistema feudal e teológico provocam necessariamente, da parte dos povos, a explosão dos princípios da doutrina crítica em toda a sua temível energia. É até mesmo evidente que, sem essas tentativas, essa doutrina já teria perdido sua maior atividade, porque se mostraria sem objetivo, logo que a adesão solene dos reis a seu princípio fundamental (o dogma da liberdade de consciência), e a suas principais consequências tem, pelo fato, a clara constatação da ruína irrevogável do antigo sistema. Mas os esforços para ressuscitar o direito divino despertam a soberania do povo e lhe conferem novo vigor.

Por outro lado, na medida em que o antigo sistema é mais do que suficientemente modificado para permitir trabalhar diretamente na formação do novo sistema, a preponderância conferida pelos povos aos princípios críticos impele naturalmente os reis a tentar abafar, pelo restabelecimento do antigo sistema, uma crise que, tal como se apresenta, parece não oferecer outra saída senão a dissolução da ordem social. Essa prorrogação do reinado da doutrina crítica, numa época em que a sociedade necessita de uma doutrina orgânica, é o único recurso que ainda confere alguma força à opinião dos reis. Porque, se essa opinião não é, com efeito, mais realmente orgânica do que aquela dos povos, por causa da impossibilidade absoluta de se realizar, ela é, pelo menos em teoria, a que lhe confere uma relação incompleta com as necessidades da sociedade, para a qual é absolutamente necessário ter um sistema qualquer.

Acrescente-se a esse quadro exato a influência das diversas facções aos projetos das quais tal estado de coisas apresenta um campo tão vasto e tão favorável; examinem-se seus esforços para impedir o esclarecimento da questão, para dificultar que os reis e os povos se entendam e reconheçam seus erros mútuos, e disso haverá de transparecer a ideia exata da triste situação em que se encontra hoje a sociedade.

Todas as considerações precedentemente expostas provam que o meio de sair finalmente desse deplorável círculo vicioso, fonte inesgotável de revoluções, não consiste na vitória da opinião dos reis nem da opinião dos povos, tais como se apresentam hoje. Não há outra solução que a formação e a adoção geral, pelos povos e pelos reis, da doutrina orgânica que, só ela, pode levar os reis a abandonarem a direção retrógrada e os povos a deixarem a direção crítica.

Somente essa doutrina pode pôr fim à crise, conduzindo toda a sociedade na trilha do novo sistema, do qual a marcha da civilização, desde sua origem, preparou seu estabelecimento e hoje convida a substituir o sistema feudal e teológico.

Pela adoção unânime dessa doutrina, dar-se-á satisfação ao que as opiniões atuais dos povos e dos reis oferecem de razoável e será eliminado o que elas encerram de vicioso e discordante. Dissipados os justos alarmes dos reis sobre a dissolução da sociedade, nenhum motivo legítimo será capaz de levá-los a se oporem ao impulso do espírito humano. Os povos, concentrando todos os seus desejos para a formação do novo sistema, nunca mais se irritarão contra o sistema feudal e teológico e o deixarão extinguir-se pacificamente, seguindo o curso natural das coisas.

Após ter constatado a necessidade da adoção de uma nova doutrina verdadeiramente orgânica, se for examinada a oportunidade de seu estabelecimento, as considerações seguintes são suficientes para demonstrar que finalmente chegou o momento de começar imediatamente essa grande operação.

Observando com precisão o estado atual das nações mais desenvolvidas, é impossível não ficar impressionado por esse fato singular e quase contraditório: embora não existam ainda outras ideias políticas do que aquelas que se referem à doutrina retrógrada ou à doutrina crítica, nenhuma das duas, contudo, possui hoje, entre os reis ou entre os povos, uma preponderância verdadeira; nenhuma exerce uma ação suficientemente poderosa para dirigir a sociedade. Essas duas doutrinas que, sob o aspecto teórico, se alimentam mutuamente, como o estabelecemos há pouco, já não são, contudo, realmente empregadas senão para limitar-se ou anular-se mutuamente condução geral dos negócios públicos.

O grande movimento político determinado há trinta anos pela colocação em atividade das ideias críticas fez com que estas perdessem sua principal influência. Por outro lado, aplicando o golpe derradeiro no antigo sistema, determinou o fim de sua carreira natural; destruiu quase completamente o motivo geral que lhe havia deferido o favor popular. De um lado, a aplicação das novas opiniões para a reorganização da sociedade colocou em perfeita evidência seu caráter anárquico. Desde essa experiência decisiva, não subsiste mais entre os povos verdadeira paixão crítica. Por conseguinte, e quaisquer que sejam as aparências, não pode mais subsistir verdadeira paixão retrógrada entre os reis, porquanto a decadência do sistema feudal e teológico e a necessidade de sair dele são positivamente reconhecidas por eles.

A atividade real, seja numa direção, seja em outra, acaba por encontrar-se agora fora do poder soberano e fora da sociedade. Ambos se servem, na prática, da opinião retrógrada ou da opinião crítica, de uma maneira essencialmente passiva, ou seja, como aparelho defensivo. Cada um deles, poder soberano e povo, emprega até mesmo, alternadamente, uma e outra e quase no mesmo grau, com essa única diferença natural que, como meio de raciocínio, os povos permanecem ainda ligados à doutrina crítica, porque sentem com maior força a necessidade de abandonar o antigo sistema; e os reis permanecem ligados à doutrina retrógrada, porque sentem mais profundamente a necessidade de uma ordem social qualquer.

Essa observação pode ser facilmente verificada e esclarecida pelo simples fato da existência e do crédito de uma espécie de opinião bastarda que não passa de uma mistura das ideias retrógradas com as ideias críticas. É evidente que essa opinião, sem influência alguma na origem da crise, tornou-se hoje dominante, tanto entre os governados como entre os governantes. Os dois partidos ativos reconhecem seu império da maneira menos equívoca, pela estrita obrigação em que ora se encontram, um e outro, de adotar sua linguagem.

O sucesso de tal opinião deixa transparecer claramente dois fatos de todo essenciais para o conhecimento exato da época atual. Prova, em primeiro lugar, que a insuficiência da doutrina crítica, para corresponder às grandes necessidades atuais da sociedade, é tão profundamente e tão universalmente sentida como a incompatibilidade do sistema teológico e feudal com o estado presente da civilização. Em segundo lugar, garante que nem a opinião crítica nem a opinião retrógrada podem obter ainda algum ascendente real. De fato, quando uma delas parece estar conquistando a preponderância, logo a disposição geral dos espíritos se torna favorável à outra, até que esta, iludida por essa aprovação aparente, tenha retomado suficiente atividade para dar lugar aos mesmos alarmes e, por conseguinte, experimentar, por sua vez, o mesmo desapontamento.[2] Essas oscilações sucessivas se efetuam ora num sentido, ora no outro, conforme a marcha natural dos acontecimentos manifestar especialmente o absurdo do antigo sistema ou o perigo da anarquia. Este é, nesse momento, o mecanismo da política prática e assim será inevitavelmente enquanto as ideias não se fixarem sobre a maneira de reorganizar a sociedade; enquanto não tiver sido produzida uma opinião capaz de preencher ao mesmo tempo essas duas grandes condições que nossa época prescreve e que, até o momento, pareceram contraditórias: o abandono do antigo sistema e o estabelecimento de uma ordem regular e estável.

Essa anulação recíproca das duas doutrinas opostas, sensível até mesmo nas opiniões, é sobretudo incontestável nos atos. Com efeito, que sejam examinados todos os acontecimentos de alguma importância que se desenvolveram de dez anos para cá, seja os de tendência crítica, seja os de tendência retrógrada, e se haverá de constatar que jamais deles resultou algum progresso real para o sistema correspondente e que o resultado sempre foi unicamente o de impedir a preponderância do sistema oposto.

Assim, em resumo, nem a opinião dos reis nem a opinião

---

(2) O mérito da opinião intermediária, ou antes, contraditória, consiste precisamente em servir de órgão para essa disposição. De resto, é evidente que, por sua natureza, é marcada por nulidade orgânica, visto que nada possui que lhe seja próprio, e porque se compõe somente de máximas opostas que se anulam reciprocamente. Não consegue chegar, como já foi suficientemente confirmado pela experiência, senão a fazer oscilar o andamento dos negócios públicos entre a tendência crítica e a tendência retrógrada, sem jamais lhe imprimir qualquer caráter determinado. Esse comportamento indeciso é certamente indispensável na situação política atual e até o estabelecimento de uma doutrina verdadeiramente orgânica, para evitar as violentas desordens a que a sociedade ficaria exposta pela preponderância do partido retrógrado ou do partido crítico. Nesse sentido, todos os homens sensatos devem apressar-se a apoiar a doutrina verdadeiramente orgânica. Mas, se tal política torna menos tempestuosa a época revolucionária, não é menos incontestável que ela tende diretamente a prolongar o movimento sua duração. De fato, uma opinião que erige a inconsequência em sistema e que conduz a impedir cuidadosamente a extinção total das duas doutrinas extremas, à força de sempre poder opô-las uma à outra, põe necessariamente obstáculos para que o corpo social jamais chegue a um estado fixo. Numa palavra, essa política é hoje razoável e útil, enquanto simplesmente provisória, mas se torna absurda e perigosa para quem quiser considerá-la como definitiva. Esses são os motivos pelos quais não fiz nenhuma menção anteriormente dessa maneira de ver no exame das opiniões existentes sobre a reorganização social.

dos povos podem satisfazer de modo algum a necessidade fundamental de reorganização que caracteriza a época atual, o que estabelece a necessidade de uma nova doutrina geral. Mas é igualmente impossível hoje o triunfo de uma ou de outra dessas opiniões, e, até mesmo, nem uma nem outra podem ainda exercer uma verdadeira atividade. Disso resulta que os espíritos estão suficientemente preparados para receber a doutrina orgânica.

O destino da sociedade, que atinge sua maturidade, não é o de habitar para sempre na velha e decadente choça que edificou em sua infância, como pensam os reis, nem o de viver eternamente sem abrigo depois de a ter abandonado, como pensam os povos, mas, com a ajuda da experiência adquirida, o de construir para si, com todos os materiais que acumulou, o edifício mais apropriado a suas necessidades e a seu prazer. Esse é o novo e grande empreendimento reservado à geração atual.

Exposição geral

O espírito no qual a reorganização da sociedade foi concebida até o presente pelos povos e pelos reis, tendo-se demonstrado vicioso, deve necessariamente concluir que uns e outros procederam mal na formação do plano de reorganização. É a única explicação possível de um fato semelhante, mas importa fixar essa asserção de maneira direta, especial e precisa.

A insuficiência da opinião dos reis e daquela dos povos provou a necessidade de uma nova doutrina verdadeiramente orgânica, a única capaz de pôr fim à crise terrível que atormenta a sociedade. De igual modo, o exame da maneira de proceder que conduziu, de parte e outra, a esses resultados imperfeitos, mostrará qual deve ser o andamento que deve ser adotado para a formação e para o estabelecimento da nova doutrina, quais são as forças sociais convocadas para dirigir esse grande trabalho.

O vício geral do caminho seguido pelos povos e pelos reis na pesquisa do plano de reorganização consiste em que uns e outros conceberam até aqui uma ideia extremamente falsa da natureza de tal trabalho e, por conseguinte, confiaram essa importante missão a homens necessariamente incompetentes. Essa é a causa primeira das aberrações fundamentais constatadas no capítulo precedente.

Embora essa causa tenha sido real tanto para os reis como para os povos, é inútil considerá-la, especialmente em relação aos primeiros, pois os reis, que nada inventaram e que se limitaram a reproduzir para o novo estado social a doutrina do antigo, sua impotência em conceber uma verdadeira reorganização foi por isso só suficientemente constatada. Por outro lado, pelo mesmo motivo, seu caminho, embora tão absurdo em seu princípio como aquele dos povos, teve de ser naturalmente mais metódico, porque já havia sido inteiramente traçado outrora em seus mínimos detalhes. Foram somente os povos que produziram uma espécie de doutrina nova e é sua maneira de proceder que é principalmente necessário examinar, a fim de descobrir nela a origem dos vícios dessa doutrina. Será fácil, pois, a qualquer um transferir em seguida para o procedimento dos reis, com as modificações convenientes, as observações gerais feitas com relação aos povos.

A multiplicidade das pretensas constituições produzidas pelos povos desde o começo da crise e a excessiva minúcia na redação que se encontra mais ou menos em todas bastariam por si só para mostrar, com plena evidência, a todo espírito capaz de julgar, quanto a natureza e a dificuldade da formação de um plano de reorganização social foram ignoradas até o presente. Será um profundo motivo de espanto para nossos pósteros, quando a sociedade estiver verdadeiramente reorganizada, que a produção, num intervalo de trinta anos, de dez constituições, todas proclamadas, umas após outras, como eternas e irrevogáveis, algumas das quais contêm mais de duzentos artigos minuciosos, sem contar as leis orgânicas a que se referem. Tal palavrório seria a vergonha do espírito humano em política se, no progresso natural das ideias, não significasse uma transição inevitável para a verdadeira doutrina final.

Não é assim que progride nem pode progredir a sociedade. A pretensão de construir, de um só lance, em alguns meses, ou mesmo em poucos anos, toda a economia de um sistema social em seu desenvolvimento integral e definitivo, é uma quimera extravagante, absolutamente incompatível com a fraqueza do espírito humano.

Observe-se, com efeito, a maneira pela qual o espírito humano procede em casos análogos, mas infinitamente mais simples. Quando qualquer ciência se reconstitui segundo uma nova teoria, já suficientemente preparada, em primeiro lugar se produz, se discute e se estabelece o princípio fundamental; só depois por meio de um longo encadeamento de trabalhos é que se chega a formar, para todas as partes da ciência, uma coordenação que ninguém, no início, teria sido capaz de conceber, nem sequer o inventor do princípio. Foi assim que, por exemplo, depois que Newton havia descoberto a lei da gravidade universal, foi necessário quase um século de trabalhos muito difíceis por parte de todos os geômetras da Europa para conferir à astronomia física a constituição que deveria resultar dessa lei. O mesmo acontece nas artes. Citando um só exemplo, quando a força elástica do vapor de água foi concebida como um novo motor aplicável às máquinas, foi igualmente necessário quase um século para desenvolver a série de reformas industriais que eram as consequências mais diretas dessa descoberta. Se essa é evidentemente a marcha necessária e invariável do espírito humano nas revoluções que, apesar de sua importância e de sua dificuldade, não passam de simples casos particulares, como não deve parecer frívola a marcha presunçosa que foi seguida até o momento presente na revolução mais geral, mais importante e mais difícil de todas, aquela que tem por objetivo a refundição completa do sistema social!

Dessas comparações indiretas, mas decisivas, que se passe às comparações diretas, e o resultado será o mesmo. Que se estude a fundação do sistema feudal e teológico, revolução absolutamente da mesma natureza que aquela da época atual. Nem de longe a constituição desse sistema foi produzida num só instante, mas só tomou sua forma própria e definitiva no século XI, isto é, mais de cinco séculos depois do triunfo geral da doutrina cristã na Europa ocidental e do estabelecimento completo dos povos do norte no império do ocidente. Seria impossível conceber que nenhum homem de gênio, no século quinto, estivesse em condições de traçar, de uma maneira um pouco detalhada, o plano dessa constituição, embora o princípio fundamental, do qual ela foi apenas o desenvolvimento necessário, já estivesse solidamente estabelecido, tanto sob o aspecto temporal como sob o aspecto espiritual. Sem dúvida, por causa do progresso das luzes e da essência mais natural e mais simples do sistema a estabelecer hoje, a organização total desse sistema deverá ser concluído com muito mais rapidez. Mas, como a marcha da sociedade é no fundo necessariamente sempre a mesma, com maior ou menor velocidade, porque depende da natureza permanente da constituição humana, essa grande experiência medieval não deixa de provar que é absurdo querer improvisar, até no mínimo detalhe, o plano total de reorganização social.

Se essa conclusão tivesse de ser confirmada, o seria observando a maneira pela qual foi estabelecida a própria doutrina crítica adotada pelos povos. Essa doutrina é evidentemente apenas o desenvolvimento geral e a aplicação completa do direito individual de exame, posto como princípio pelo protestantismo. Ora, foram necessários quase dois séculos, depois do estabelecimento desse princípio, para que fossem deduzidas todas as consequências importantes e para que a teoria fosse formulada. É incontestável que a resistência do sistema feudal e teológico influi muito na lentidão dessa marcha, mas não é menos evidente que essa não foi a causa única da resistência e que essa lentidão se deve, em grande parte, à própria natureza do trabalho. Ora, o que é verdadeiro numa doutrina puramente crítica, com mais forte razão o será na doutrina realmente orgânica.

Deve-se, portanto, concluir, dessa primeira classe de considerações, que os povos não compreenderam até o momento presente o grande trabalho da reorganização social.

Ao tentar precisar como a natureza desse trabalho foi ignorada, conclui-se que é por ter sido considerado como puramente prático um empreendimento que é essencialmente teórico.

A formação de um plano qualquer de organização social se compõe necessariamente de duas séries de trabalhos, totalmente distintas por seu objeto, bem como pelo gênero de capacidade que exigem. Uma, teórica ou espiritual, tem por fim o desenvolvimento da ideia-base do plano, ou seja, do novo princípio segundo o qual as relações sociais devem ser coordenadas e a formação do sistema de ideias gerais destinado a servir de guia para a sociedade. A outra, prática ou temporal, determina o modo de repartição do poder e o conjunto das instituições administrativas mais conformes com o espírito do sistema, tal como foi definido pelos trabalhos teóricos. Uma vez que a segunda série está baseada na primeira, da qual não é senão a consequência e a realização, é por esta última que, necessariamente, o trabalho geral deve começar. Ela é a alma, a parte mais importante e mais difícil, ainda que somente preliminar.

Foi por não terem adotado essa divisão fundamental, ou, em outros termos, por terem fixado exclusivamente sua atenção na parte prática, que os povos foram naturalmente induzidos a conceber a reorganização social nos moldes da doutrina viciosa, examinada no capítulo precedente. Todos os seus erros são a consequência desse grande desvio primitivo. Pode-se facilmente estabelecer essa filiação.

Em primeiro lugar, resultou dessa infração à lei natural do espírito humano que os povos, imaginando construir um novo sistema social, permaneceram encerrados no antigo sistema. Isso era inevitável, porque a finalidade e o espírito do novo sistema não estavam determinados. Será sempre assim, até que essa condição indispensável não tenha sido previamente satisfeita.

Qualquer sistema de sociedade, derivado de um punhado de homens ou de vários milhões, tem por objetivo definitivo dirigir para um fim geral de atividade todas as forças particulares. De fato, não há sociedade senão onde se exerce uma ação geral e combinada. Em qualquer outra hipótese, há somente aglomeração de certo número de indivíduos sobre um mesmo solo. Esse é o traço que distingue a sociedade humana daquela dos outros animais que vivem em grupos.

Segue-se dessa consideração que a determinação nítida e precisa da finalidade da atividade é a primeira condição e a mais importante de uma verdadeira ordem social, porquanto fixa o sentido em que todo o sistema deve ser concebido.

Por outro lado, não há mais do que duas finalidades de atividade possíveis tanto para uma sociedade, por mais numerosa que seja, como para um indivíduo isolado. São elas a ação violenta sobre o resto da espécie humana, ou a conquista, e a ação sobre a natureza para modificar em benefício do homem, ou a produção. Toda sociedade que não estiver nitidamente organizada para uma ou para outra dessas finalidades não passaria de uma associação bastarda e sem caráter. A finalidade militar era aquela do antigo sistema; a finalidade industrial é a do novo.

O primeiro passo que deveria ter sido dado para reorganizar a sociedade seria, portanto, a proclamação dessa nova finalidade. Como esse passo não foi dado, não houve como sair ainda do antigo sistema, mesmo que se julgue que houve um grande afastamento dele. Ora, é claro que essa estranha lacuna de nossas pretensas constituições significa que se quis organizar nos detalhes antes que o conjunto do sistema tivesse sido concebido. Em outros termos, essa lacuna resultou do fato de que se deu atenção exclusivamente à parte regulamentar da reorganização, sem que a parte teórica tivesse sido definida e sem que se tivesse até mesmo pensado em estabelecê-la.

Por uma consequência necessária desse primeiro erro, foram tomadas por transformação total do antigo sistema meras modificações. O fundo permaneceu essencialmente intacto; todas as alterações não incidiram senão sobre a forma. Houve unicamente a preocupação de fracionar os antigos poderes e opor entre eles os diferentes setores da divisão.

As discussões suscitadas sobre esse tema foram consideradas, e o são ainda, como a parte mais sublime da política, quando não se configuram senão como um detalhe de todo subalterno. A direção da sociedade e a natureza dos poderes foram concebidas como se permanecessem sempre as mesmas.

Além disso, é essencial observar que as discussões sobre a divisão dos poderes, as únicas de que alguém se ocupou, foram, por outra consequência do desvio primitivo, tão superficiais quanto possível. De fato, perdeu-se de vista a grande divisão em poder espiritual e poder temporal, o principal aperfeiçoamento que o antigo sistema havia introduzido na política geral. Uma vez que a atenção se dirigiu inteiramente para a parte prática da reorganização social, foi-se naturalmente conduzido a essa monstruosidade de uma constituição sem poder espiritual que, se tivesse podido tornar-se duradoura, se configuraria como um verdadeiro e imenso retrocesso em direção da barbárie. Tudo foi direcionado unicamente para o temporal. Foi vislumbrada somente a divisão em poder legislativo e poder executivo, o que não passa evidentemente de uma subdivisão.

Ao direcionar seu espírito nas modificações do sistema feudal e teológico, os povos foram necessariamente levados a conceber como orgânicos os princípios críticos que haviam servido para lutar contra o antigo sistema, desde a época em que sua decadência se havia tornado sensível e que, por isso mesmo, esses princípios estavam destinados a modificar esse sistema. Não se deve deixar de observar a esse respeito que, apesar de desconhecerem no trabalho geral da reorganização a divisão em série teórica e em série prática, os povos constataram involuntariamente a necessidade dessa lei, ditada pela imperiosa natureza das coisas, porquanto eles próprios obedeceram a ela nos empreendimentos de modificação do antigo sistema.

Esse é o encadeamento rigoroso de consequências, derivado do erro fundamental que consiste em ter considerado como puramente prática a obra essencialmente teórica da reorganização social. Foi assim que os povos chegaram gradualmente a considerar como um novo e verdadeiro sistema social, produto da civilização aperfeiçoada, aquilo que continua a ser o antigo sistema despojado pela doutrina crítica de tudo o que constituía seu rigor e reduzido ao estado miserável de um esqueleto descarnado. Essa é a verdadeira gênese dos erros capitais assinalados no capítulo precedente.

Como a necessidade de uma verdadeira reorganização social se faz cada vez mais sentir, o que inevitavelmente há de ocorrer até que essa necessidade seja satisfeita, os espíritos dos povos se agitam e se empenham em procurar novas combinações. Mas, retidos por um destino inflexível no círculo estreito dentro do qual sua marcha viciosa os colocou primitivamente e do qual a civilização os impele em vão a sair, é nas novas modificações do antigo sistema, isto é, nas aplicações ainda mais completas da doutrina crítica, que julgam encontrar o termo de seus esforços. Assim, de modificação em modificação, ou seja, destruindo cada vez mais o sistema feudal e teológico, sem jamais substituí-lo, os povos marcham a passos largos para uma completa anarquia, única saída natural de semelhante caminho trilhado.

Tal conclusão prova evidentemente a necessidade urgente e inevitável de adotar, para o grande trabalho de reorganização social, o caminho tão claramente ditado pela natureza do espírito humano. É o único meio para escapar das desastrosas consequências a que estão ameaçados os povos por terem seguido um caminho diferente.

Como essa asserção é fundamental, porquanto determina a verdadeira direção dos grandes trabalhos políticos que devem ser empreendidos hoje, nunca será demasiada a luz que os possa cercar. É útil, portanto, relembrar sumariamente as considerações filosóficas diretas, sobre as quais está baseada, embora pudesse ser considerada como suficientemente demonstrada pela análise que acaba de ser descrita sobre a marcha viciosa, seguida até agora pelos povos.

É pouco honroso para a razão humana que nos vejamos obrigados a provar metodicamente, no que diz respeito ao empreendimento mais geral e mais difícil, a necessidade de uma divisão que é hoje universalmente reconhecida como indispensável nos casos menos complicados. Admite-se como verdade elementar que a exploração de uma manufatura, a construção de uma estrada ou de uma ponte, a navegação de um navio etc. devem ser dirigidas por conhecimentos teóricos preliminares, mas se pretende que a reorganização da sociedade seja um negócio de pura prática a ser confiada a conhecedores rotineiros?

Toda operação humana completa, desde a mais simples até a mais complicada, executada por um só indivíduo ou por um número qualquer, compõe-se inevitavelmente de duas partes ou, em outros termos, dá lugar a duas espécies de considerações: uma teórica, a outra prática; uma de concepção, outra de execução. A primeira, sumamente necessária, precede a segunda, porque aquela está destinada a dirigir esta. Em outras palavras, nunca há ação sem especulação preliminar. Até na operação que possa parecer a mais puramente rotineira, essa análise pode ser observada, constatando-se somente a diferença que a teoria é bem ou mal concebida. O homem que pretende, em qualquer ponto que seja, não deixar dirigir seu espírito por teorias, limita-se, como é sabido, a não admitir os progressos teóricos realizados por seus contemporâneos, conservando teorias antiquadas e substituídas há muito tempo. Assim, por exemplo, aqueles que declaram altivamente não acreditar na medicina se entregam usualmente, com uma estúpida avidez, ao mais grosseiro charlatanismo.

Na primeira infância do espírito humano, os trabalhos teóricos e os trabalhos práticos são executados pelo mesmo indivíduo em todas as operações, o que não impede que, mesmo então, sua distinção, embora menos saliente, seja de todo real. Desde cedo, essas duas ordens de trabalhos começam a separar-se, como que exigindo capacidades e culturas diferentes e, de certo modo, opostas. À medida que a inteligência coletiva e individual da espécie humana se desenvolve, essa divisão se acentua e se generaliza sempre mais e se torna a fonte de novos progressos. Pode-se verdadeiramente medir, sob o aspecto filosófico, o grau de civilização de um povo pelo grau para o qual foi impelida a divisão da teoria e da prática, combinado com o grau de harmonia existente entre elas. De fato, o grande meio de civilização consiste na separação dos trabalhos e na combinação dos esforços.

Para o estabelecimento definitivo do cristianismo, a divisão da teoria e da prática foi constituída de maneira regular e completa pelos atos gerais da sociedade, como ela já estava por todas as operações particulares. Foi vivificada e consolidada pela criação de um poder espiritual, distinto e independente do poder temporal, e que tinha com ele as relações naturais de uma autoridade teórica com uma autoridade prática, modificadas segundo as características especiais do antigo sistema. Essa grande e bela concepção foi a causa principal do vigor e da consistência admiráveis que distinguiram o sistema feudal e teológico em seus tempos de esplendor. A queda inevitável desse sistema levou a perder de vista momentaneamente essa importante divisão. A filosofia superficial e crítica do século passado desconheceu esse valor. Mas é evidente que essa distinção deve ser preciosamente conservada, com todas as outras conquistas que o espírito humano alcançou sob a influência do antigo sistema e que não poderiam perecer com ele. Deve figurar em primeira linha, entre poderes espiritual e temporal de uma e outra natureza, no sistema a ser estabelecido hoje. Sem dúvida, a sociedade não poderia ser menos perfeitamente organizada no século XIX do que o foi no século XI[3].

Se é preciso reconhecer a necessidade da divisão entre trabalhos teóricos e trabalhos práticos para as operações diárias e comuns, com quanto maior razão essa divisão, motivada principalmente pela fraqueza do espírito humano, não será indispensável na vasta operação da reorganização total da sociedade? É a primeira condição para tratar essa grande questão da única maneira proporcional à sua importância.

O que a observação filosófica indica é confirmado pela experiência direta. Nenhuma inovação importante jamais foi introduzida na ordem social sem que os trabalhos relativos à sua concepção tenham precedido aqueles cujo objeto imediato fosse sua colocação em ação e que lhe tenham servido de guia e de apoio. A esse respeito, a história apresenta duas experiências decisivas.

A primeira refere-se à formação do sistema teológico e feudal, acontecimento que deve ser hoje para nós uma fonte inesgotável de instrução. O conjunto de instituições pelo qual esse sistema se constituiu completamente no século XI tinha sido evidentemente preparado pelos trabalhos teóricos feitos nos séculos precedentes sobre o espírito desse sistema e que datam da elaboração do cristianismo pela escola de Alexandria. O estabelecimento do poder pontifício, como autoridade europeia suprema, era a consequência necessária desse desenvolvimento anterior da doutrina cristã. A instituição geral do feudalismo, fundada na reciprocidade de obediência na proteção do fraco pelo forte, não era igualmente senão a aplicação dessa doutrina ao regulamento das relações sociais no estado de civilização da época. Quem não vê

---

(3) Essa grande questão da divisão do poder espiritual e do poder temporal será futuramente o objeto de um trabalho especial.

que uma e outra dessas fundações não poderiam ter existido sem o desenvolvimento preliminar da doutrina cristã?

A segunda experiência, ainda mais palpável porque está praticamente diante de nossos olhos, conduz ao próprio desenrolar das modificações trazidas pelos povos ao antigo sistema, desde o começo da crise atual. É claro que elas foram inteiramente baseadas no desenvolvimento e no arranjo sistemáticos conferidos pela filosofia do século XVIII aos princípios críticos. Esses trabalhos, embora de uma espécie de teoria subalterna, tinham, enquanto críticos, de modo tão transparente o caráter teórico, eram tão distintos dos trabalhos práticos subsequentes, que nem um só dos escritores que para eles concorreram chegou sequer a suspeitar, ainda que de modo pouco nítido e pouco extenso, das modificações que deveriam produzir na geração. Essa reflexão deve ter impressionado quem tiver comparado atentamente suas obras com as modificações práticas que lhes sucederam. Pois bem, se nos escritos e nos discursos dos homens mais competentes entre aqueles que conduziram os trabalhos de nossas pretensas constituições, se tentar suprimir as ideias recebidas dos filósofos do século XVIII, poder-se-á constatar o que haverá de sobrar.

Ao examinar, sob o ponto de vista histórico, a questão que nos ocupa, veremos que ela pode ser facilmente decidida pelas considerações seguintes que nos limitaremos a indicar aqui, deixando para outro local seu desenvolvimento.

A sociedade está hoje desorganizada, tanto no aspecto espiritual como no aspecto temporal. A anarquia espiritual precedeu e gerou a anarquia temporal. Ainda hoje o mal-estar social depende muito mais da primeira causa do que da segunda. Por outro lado, o estudo atento da marcha da civilização prova que a reorganização espiritual da sociedade já está mais preparada do que sua reorganização temporal. Assim, a primeira série de esforços diretos para pôr fim à época revolucionária deve ter por objeto reorganizar o poder espiritual, muito embora, até o presente, a atenção não tenha se fixado senão sobre a refundição do poder temporal.

Deve-se evidentemente concluir, de todas as considerações precedentes, pela absoluta necessidade de separar os trabalhos teóricos da reorganização social prescrita na época atual, dos trabalhos práticos; quer dizer, deve-se conceber e executar aqueles trabalhos que se referem ao espírito da nova ordem social, ao sistema de ideias gerais que lhe deve corresponder, separadamente, àqueles que têm por objeto o sistema de relações sociais e o modo administrativo que dele deve resultar. Nada de essencial e de sólido pode ser feito, quanto à parte prática, enquanto a parte teórica não for estabelecida ou, pelo menos, muito adiantada. Proceder de outra forma seria construir sem bases, fazer passar a forma antes do fundamento; seria, numa palavra, perseverar no erro fundamental cometido pelos povos, aquele que acaba de ser apresentado como a fonte primeira de todas as suas aberrações, o obstáculo que é necessário destruir antes de tudo para que o desejo de ver a sociedade reorganizada de maneira proporcional ao estado atual das luzes possa finalmente ser realizado.

Tendo estabelecido a natureza dos trabalhos preliminares que devem ser executados para que a organização do novo sistema social seja fundada em bases sólidas, é fácil determinar quais são as forças sociais destinadas a cumprir essa importante missão. É o que falta precisar antes de expor o plano dos trabalhos a realizar.

Visto que ficou realmente demonstrado que a maneira pela qual os povos procederam até agora na formação do plano de reorganização é radicalmente viciosa, seria sem dúvida supérfluo insistir muito para demonstrar que os homens aos quais esse grande trabalho foi confiado eram absolutamente incompetentes. É claro, com efeito, que um é a consequência inevitável do outro. Os povos, que desconheciam a natureza desse trabalho, não podiam deixar de se enganar na escolha dos homens convocados para realizá-lo. Precisamente porque esses homens pareciam ser os mais indicados para esse trabalho, como os povos o concebiam, esses homens não podiam ser capazes de dirigi-lo da maneira pela qual deve ser concebido. A incapacidade desses mandatários, ou melhor, sua incompetência, manifestou-se do modo que deveria parecer, uma vez que ninguém é perito em duas coisas absolutamente opostas.

Foi principalmente a classe dos legistas que forneceu os homens chamados a dirigir os trabalhos das pretensas constituições estabelecidas pelos povos, nesses últimos trinta anos. A natureza das coisas investiu-os necessariamente nessa função, à maneira pela qual foi concebida até aqui.

Com efeito, como não se trata até o presente para os povos senão de modificar o antigo sistema e como os princípios críticos, destinados a dirigir as modificações necessárias, estavam plenamente estabelecidos, a eloquência deve ter sido a faculdade especialmente posta em jogo nesse trabalho e é sobretudo pelos legistas que essa faculdade é habitualmente cultivada. Embora seja apenas subalterna, porquanto se propõe unicamente em fazer triunfar essa opinião recebida, sem participar em sua elaboração e em seu exame, ela é por isso mesmo eminentemente adequada à propagação. Não foram os legistas que estabeleceram os princípios da doutrina crítica, mas os metafísicos que, de resto, formam, sob o aspecto espiritual, a classe correspondente àquela dos legistas sob o aspecto temporal. Mas foram os legistas que divulgaram esses princípios. Foi por intermédio deles que a cena política foi principalmente ocupada, durante toda a duração da luta imediata contra o sistema feudal e teológico. A eles, portanto, deveria necessariamente competir a direção das modificações a introduzir nesse sistema, segundo a doutrina crítica, que só eles estavam bem acostumados a manejar.

Evidentemente não poderia ocorrer o mesmo para os trabalhos verdadeiramente orgânicos, cuja necessidade acaba de ser demonstrada. Não é mais a eloquência, isto é, a faculdade de persuasão, que deve estar especialmente em atividade, mas sim o raciocínio, ou seja, a faculdade de exame e de coordenação. Por isso mesmo é que os legistas são geralmente os homens mais capazes sob o primeiro aspecto, mas são os mais incapazes sob o segundo. Fazendo profissão de procurar meios para persuadir uma opinião qualquer, quanto mais adquirirem, pelo exercício, habilidade nesse tipo de trabalho, tanto mais incapazes se tornam para coordenar uma teoria segundo seus verdadeiros princípios.

Não é, portanto, de uma vã questão de amor-próprio que se trata aqui, mas tudo se reduz à relação necessária e exclusiva que existe entre cada espécie de capacidade e cada natureza de trabalho. Os legistas dirigiram a formação do plano de reorganização quando ela estava sendo concebida num espírito absolutamente vicioso. Fizeram o que deviam ter feito. Chamados a modificar, criticar, eles modificaram, criticaram. Seria injusto acusá-los dos defeitos de uma direção que não escolheram e que não competia a eles retificar. Sua influência foi útil, até mesmo indispensável, na medida em que essa direção também o foi. Deve-se, contudo, reconhecer ao mesmo tempo que essa influência deve cessar logo que uma direção totalmente oposta acaba prevalecendo. Sem dúvida, é totalmente absurdo pretender operar a reorganização da sociedade, concebendo-a como um negócio puramente prático e sem que nenhum dos trabalhos teóricos necessários tivesse sido anteriormente realizado. Mas absurdo ainda maior seria a singular esperança de ver realizar uma verdadeira reorganização por uma assembleia de oradores, estranhos a qualquer ideia teórica positiva e escolhidos, sem nenhuma condição determinada de capacidade, por homens que, em sua maioria, são ainda mais incompetentes[4].

A natureza dos trabalhos a executar indica por si, do modo mais claro possível, a que classe compete empreendê-los. Sendo teóricos, esses trabalhos, é claro que os homens que se especializam em formar combinações teóricas seguidas metodicamente, ou seja, os sábios que se ocupam do estudo das ciências de observação, são os únicos cuja espécie de capacidade e de cultura

---

(4) Estou longe de concluir, pelas considerações precedentes, que a classe dos legistas já não deva ter hoje atividade política. Quis somente estabelecer que sua ação deve mudar de caráter. Segundo os raciocínios que acabo de expor, o estado presente da sociedade exige que a suprema direção dos espíritos cesse de pertencer aos legistas, mas nem por isso deixam de ser chamados, por sua natureza, a auxiliar, em assuntos muito importantes, a nova direção geral que será impressa por outros. Em primeiro lugar, em razão de seus meios de persuasão e do hábito que ainda têm, mais que qualquer outra classe, de tomar posição nos pontos de vista políticos, eles devem concorrer poderosamente para a adoção da doutrina orgânica. Em segundo lugar, os legistas, e sobretudo aqueles que se aprofundaram no estudo do direito positivo, possuem exclusivamente a capacidade regulamentar, que é uma das grandes capacidades necessárias para a formação do novo sistema social e que será posta à prova logo que a parte puramente espiritual do trabalho geral da reorganização estiver concluída ou pelo menos suficientemente adiantada.

intelectual preenche as condições necessárias. Seria evidentemente monstruoso que, no momento em que a necessidade mais urgente da sociedade dá lugar a um trabalho geral de primeira ordem de importância e de dificuldade, esse trabalho não fosse dirigido pelas maiores forças intelectuais existentes, por aquelas cujo modo de proceder é universalmente reconhecido como o melhor. Sem dúvida, é possível encontrar em outras camadas da sociedade homens dotados de uma capacidade teórica igual e até mesmo superior àquela de grande número de sábios, pois a classificação real dos indivíduos está longe de ser em tudo conforme com a classificação natural ou fisiológica. Mas, num trabalho tão essencial, são as classes que devem ser consideradas, e não os indivíduos. Por outro lado, até mesmo quanto a esses, a educação, isto é, o sistema de hábitos intelectuais que resulta do estudo das ciências de observação, é a única capaz de desenvolver de modo conveniente sua natural capacidade teórica. Numa palavra, todas as vezes que, numa direção particular qualquer, a sociedade tem necessidade de trabalhos teóricos, reconhece-se que é à classe de sábios correspondente que deve dirigir-se. É, portanto, o conjunto do corpo científico que é convocado para dirigir os trabalhos teóricos gerais, cuja necessidade acaba de ser constatada[5].

De resto, a natureza das coisas, convenientemente interrogada, antecede a esse respeito qualquer divagação, pois proíbe de modo absoluto a liberdade de escolha, mostrando, sob vários pontos de vista distintos, a classe de sábios como a única verdadeiramente própria para executar o trabalho teórico da reorganização social.

---

(5) Incluímos aqui entre o número dos sábios, em conformidade com o uso costumeiro do termo, os homens que, sem consagrar sua vida ao cultivo especial de qualquer ciência de observação, possuem a capacidade científica e fizeram do conjunto dos conhecimentos positivos um estudo bastante profundo, de modo que se sentem penetrados de seu espírito e se encontram familiarizados com as principais leis dos fenômenos naturais. É, sem dúvida, a essa classe de sábios, ainda hoje pouco numerosa, que está reservada a atividade essencial na formação da nova doutrina social. Os outros sábios estão muito absorvidos por suas ocupações particulares, e até mesmo demasiado afetados ainda por certos hábitos intelectuais viciosos, que resultam hoje dessa especialidade, para que possam vir a ser verdadeiramente ativos na construção da ciência política. Nem por isso deixarão de preencher, nessa grande fundação, uma função muito importante, embora passiva, aquela de juízes naturais dos trabalhos. Os resultados obtidos pelos homens que deverão seguir a nova direção filosófica não terão valor nem influência enquanto não forem adotados pelos sábios especiais, como se tivesse o mesmo caráter de seus trabalhos habituais. Julguei por bem dar essa explicação para responder a uma objeção que se apresenta naturalmente ao espírito da maioria dos leitores. Mas, de resto, é evidente que essa distinção entre a camada da classe científica que deve ser ativa e a camada que deve ser simplesmente passiva na elaboração da doutrina orgânica é inteiramente secundária e não afeta em nada a asserção fundamental estabelecida no texto.

No sistema a construir, o poder espiritual ficará na mão dos sábios e o poder temporal competirá aos chefes dos trabalhos industriais. Esses dois poderes devem, portanto, proceder naturalmente na formação desse sistema, como haverão de proceder, quando for estabelecido, em sua aplicação diária, contando também com a importância superior do trabalho que é necessário executar hoje. Há, nesse trabalho, uma parte espiritual que deve ser tratada primeiro e uma parte temporal que o será consecutivamente. Assim, compete aos sábios empreender a primeira série de trabalhos e aos industriais mais importantes organizar, nas bases que ficarem estabelecidas, o sistema administrativo. Essa é a marcha simples, indicada pela natureza das coisas, que ensina que as próprias classes são os elementos dos poderes de um novo sistema e devem ser um dia colocadas à sua testa; só elas podem constituí-lo porque só elas são capazes de captar bem o espírito e que só elas são impelidas nesse sentido pelo impulso combinado de seus hábitos e de seus interesses.

Outra consideração torna ainda mais palpável a necessidade de confiar aos sábios positivos o trabalho teórico da reorganização social.

Foi observado, no capítulo precedente, o que a doutrina crítica produziu na maioria das cabeças e ela tende a fortalecer cada vez mais o hábito de cada um arvorar-se em juiz supremo das ideias políticas gerais. Esse estado anárquico das inteligências, erigido em princípio fundamental, é um obstáculo evidente para a reorganização da sociedade. Seria, portanto, em vão que capacidades realmente competentes formassem a verdadeira doutrina orgânica destinada a pôr fim à crise atual se, por sua situação antecedente, não possuíssem de fato o poder reconhecido de arvorar-se em autoridade. Sem essa condição, seu trabalho, submetido ao controle arbitrário e vaidoso de uma política de inspiração, não poderia jamais ser uniformemente adotado. Ora, lançando um rápido olhar sobre a sociedade, reconhecer-se-á de imediato que essa influência espiritual se encontra hoje exclusivamente nas mãos dos sábios. Só eles exercem, em questão de teoria, uma autoridade não contestada.

Assim, independentemente de só eles serem competentes para formar a nova doutrina orgânica, são exclusivamente investidos da força moral necessária para determinar sua admissão. Os obstáculos que por isso o preconceito crítico da soberania moral apresenta, concebida como um direito inato em todo indivíduo, seriam intransponíveis a qualquer outro que não aos sábios. A única alavanca que pode derrubar esse preconceito se encontra em suas mãos. É o hábito adquirido pouco a pouco pela sociedade, desde a fundação das ciências positivas, e que consiste em submeter-se às decisões dos sábios no tocante a todas as ideias teóricas particulares, hábito que os sábios poderão estender às ideias teóricas gerais, quando forem encarregados de coordená-las.

Desse modo, os sábios possuem hoje, excluindo qualquer outra classe, os dois elementos fundamentais do governo moral: a capacidade e a autoridade teórica.

Um último caráter essencial, não menos próprio do que os precedentes para a força científica, merece ainda ser indicado.

A crise atual é evidentemente comum a todos os povos da Europa ocidental, embora nem todos participem no mesmo grau. Entretanto, é tratada por cada um deles como se fosse simplesmente nacional. Mas é evidente que para uma crise europeia se torna necessário um tratamento europeu.

Esse isolamento dos povos é uma consequência necessária da queda do sistema teológico e feudal pela qual foram dissolvidos os laços espirituais que esse sistema havia estabelecido entre os povos da Europa. Foi em vão que se tentou substituí-lo por um estado de recíproca oposição hostil, disfarçado sob o nome de equilíbrio europeu. A doutrina crítica é incapaz de restabelecer a harmonia que destruiu em seu antigo princípio fundamental; ao contrário, ela o afasta. Em primeiro lugar, a doutrina crítica, por sua natureza, tende ao isolamento e, em segundo lugar, os povos não poderiam estender-se completamente de acordo com os próprios princípios dessa doutrina, porque cada um deles pretende modificar, de acordo com essa doutrina, o antigo sistema em graus diferentes.

Só a verdadeira doutrina orgânica pode produzir essa união, tão imperiosamente reclamada pelo estado da civilização europeia. Deve forçosamente determiná-la, apresentando a todos os povos da Europa ocidental o sistema de organização social ao qual todos eles são atualmente chamados e do qual cada um deles haverá de usufruir de uma maneira completa, numa época mais ou menos próxima, de acordo com o estado especial de suas luzes. Convém observar, por outro lado, que essa união será muito mais perfeita do que aquela produzida pelo antigo sistema, a qual só existia no domínio do poder espiritual, ao passo que hoje deve ter igualmente lugar no domínio temporal, de modo que esses povos são chamados a formar uma verdadeira sociedade geral, completa e permanente. Com efeito, se fosse esse o lugar para empreender semelhante exame, seria fácil mostrar que cada um dos povos da Europa ocidental está situado, pelo matiz particular de seu estado de civilização, na situação mais favorável para tratar dessa ou daquela parte do sistema geral; disso resulta a utilidade imediata de sua cooperação. Ora, disso decorre que esses povos devem igualmente trabalhar em comum para o estabelecimento do novo sistema.

Ao considerar, sob esse ponto de vista, a nova doutrina orgânica, é claro que a força destinada a formá-la e a estabelecê-la, ao satisfazer a condição de determinar a combinação dos diferentes povos civilizados, deve ser uma força europeia. Ora, essa é ainda a propriedade especial, não menos exclusiva do que todas aquelas precedentemente enumeradas, da força científica. É palpável que só os sábios formam uma verdadeira coligação, compacta, ativa, cujos membros se entendem e se correspondem com facilidade e de uma maneira contínua, de um extremo a outro da Europa. Isso se deve a que só eles têm hoje ideias comuns, uma linguagem uniforme, um objetivo de atividade geral e permanente. Nenhuma outra classe possui essa poderosa vantagem porque nenhuma outra preenche essas condições em sua integridade. Até mesmo os industriais, tão eminentemente levados à união pela natureza de seus trabalhos e de seus hábitos, se deixam ainda amestrar demasiadamente pelas inspirações hostis de um patriotismo selvagem, para que se possa estabelecer, desde hoje, entre eles, uma verdadeira combinação europeia. Compete à ação dos sábios o especial privilégio de produzi-la.

Sem dúvida, é supérfluo demonstrar que a ligação atual dos sábios haverá de assumir uma intensidade bem maior quando dirigirem suas forças gerais para a formação da nova doutrina social. Essa consequência é evidente, porquanto a força de um laço social é necessariamente proporcional à importância da finalidade da associação.

Para bem apreciar, em toda a sua extensão, o valor dessa força europeia particular aos sábios, convém comparar a conduta dos reis, sob o aspecto que nos ocupa, à conduta dos povos.

Já foi observado anteriormente que os reis, ainda que atuem segundo um plano que é absurdo em seu princípio em sua execução, procedem de um modo muito mais metódico do que os povos, porque a linha que seguem está perfeitamente descrita no passado da maneira mais detalhada. Desse modo, sob o aspecto que ora consideramos, os reis combinam seus esforços em toda a Europa, enquanto os povos se isolam. Por esse único fato, os reis gozam de uma vantagem relativa sobre os povos, contra a qual estes não podem lutar por nenhum outro meio, o que a torna de extrema importância.

Os chefes da opinião dos povos não têm outro recurso senão protestar contra uma tal superioridade de posição, que nem por isso deixará de existir. Proclamam, em tese geral, que os diferentes Estados não têm nenhum direito em intervir nas reformas sociais dos outros. Ora, esse princípio, que não outra coisa que a aplicação da doutrina crítica às relações exteriores, é absolutamente falso como todos os outros dogmas que entram na mesma composição; como os outros, não passa da generalização viciosa de um fato transitório, a dissolução dos laços que existiam, sob a influência do antigo sistema, entre as nações europeias. É claro que os povos da Europa ocidental, pela conformidade e pelo encadeamento de sua civilização, encarada esta, quer em seu desenvolvimento sucessivo, quer em seu estado atual, formam uma grande nação, cujos membros gozam reciprocamente de direitos, menos extensos, sem dúvida, mas da mesma natureza que aqueles das diferentes regiões de um Estado único.

Pode-se ver, aliás, que essa ideia crítica, ainda que fosse verdadeira, não atinge sua finalidade e até mesmo a afasta, porquanto tende a impedir a união dos povos. Como uma força não pode ser contida por outra, os povos deverão estar evidentemente, nas relações europeias, num estado de inferioridade perante os reis, enquanto a força dos sábios, única força europeia, não presidir o grande trabalho da reorganização social. Só ela poderá ser, para os povos, o equivalente real da santa aliança quanto à superioridade necessária de uma coligação espiritual sobre uma coligação puramente temporal.

Assim, em última análise, a necessidade de confiar aos sábios os trabalhos teóricos preliminares reconhecidos como indispensáveis para reorganizar a sociedade se encontra solidamente baseada sobre quatro considerações distintas, das quais uma só bastaria para a estabelecer: 1.º os sábios, por seu gênero de capacidade e de cultura intelectuais, são os únicos competentes para executar esses trabalhos; 2.º essa função lhes é destinada pela natureza das coisas, como se fosse o poder espiritual do sistema a organizar; 3.º eles possuem exclusivamente a autoridade moral hoje necessária para determinar a adoção da nova doutrina orgânica, quando estiver formada; 4.º enfim, de todas as forças sociais existentes, aquela dos sábios é a única que é realmente europeia. Esse conjunto de provas deve, sem dúvida, colocar a grande missão teórica dos sábios ao abrigo de toda incerteza e de toda contestação.

De tudo o que foi exposto anteriormente, resulta que os erros capitais cometidos pelos povos em sua maneira de conceber a reorganização da sociedade têm, por causa primeira, a marcha viciosa pela qual procederam nessa reorganização; que o vício dessa marcha consiste em que a reorganização social foi considerada como uma operação puramente prática, ao passo que é essencialmente teórica; que a natureza das coisas e as experiências históricas mais convincentes provam a necessidade absoluta de dividir o trabalho total da reorganização em duas séries, uma teórica, outra prática, a primeira das quais deve ser previamente executada e que é destinada a servir de base à segunda; que a execução preliminar dos trabalhos teóricos exige a colocação em atividade de uma nova força social, distinta daquelas que até agora ocuparam a cena e que são absolutamente incompetentes; finalmente que, por várias razões muito decisivas, essa nova força deve ser aquela dos sábios dedicados ao estudo das ciências de observação.

O conjunto dessas ideias pode ser considerado como tendo por finalidade impelir gradualmente os espíritos meditativos ao ponto de vista elevado, de onde se pode abraçar, num só olhar geral, tanto os vícios da marcha seguida até agora para reorganizar a sociedade quanto o caráter daquela que deve ser adotada hoje. Tudo se reduz, em último lugar, a estabelecer para a política, por meio das forças combinadas dos sábios europeus, uma teoria positiva distinta da prática e tendo por objetivo a concepção do novo sistema social correspondente ao estado presente das luzes. Ora, refletindo sobre isso, pode-se ver que essa conclusão se resume nesta única ideia: *os sábios devem hoje elevar a política à categoria das ciências de observação.*

Esse é o ponto de vista culminante e definitivo ao qual é necessário fazer referência. Desse ponto de vista, será fácil condensar, numa série de considerações muito simples, a substância de tudo o que foi dito desde o começo deste opúsculo. Falta realizar essa importante generalização de que somente ela pode fornecer os meios para prosseguir, permitindo tornar o pensamento mais veloz.

Pela própria natureza do espírito humano, cada ramo de nossos conhecimentos se encontra necessariamente submetido em sua marcha a passar por três estados teóricos diferentes: o estado teológico ou fictício; o estado metafísico ou abstrato; enfim, o estado científico ou positivo.

No primeiro, ideias sobrenaturais servem para ligar o pequeno número de observações isoladas de que a ciência então se compõe. Em outros termos, os fatos observados são *explicados*, isto é, vistos *a priori*, segundo fatos inventados. Esse estado é necessariamente aquele de qualquer ciência no berço. Por mais imperfeito que seja, é o único modo de ligação possível nessa etapa. Ele fornece, por conseguinte, o único meio pelo qual se possa raciocinar sobre os fatos, sustentando a atividade do espírito que tem necessidade, acima de tudo, de qualquer ligação. Numa palavra, é indispensável para permitir que se vá mais longe.

O segundo estado é unicamente destinado a servir de meio de transição do primeiro para o terceiro. Seu caráter é bastardo, liga os fatos com ideias que já não são inteiramente sobrenaturais e que tampouco são inteiramente naturais. Numa palavra, essas ideias são abstrações personificadas, nas quais o espírito pode ver à vontade o nome místico de uma causa sobrenatural ou o enunciado abstrato de uma simples série de fenômenos, conforme estiver mais próximo do estado teológico ou do estado científico. Esse estado metafísico supõe que os fatos, tornando-se mais numerosos, não são ao mesmo tempo interligados segundo as analogias mais extensas.

O terceiro estado é o modo definitivo de toda e qualquer ciência, uma vez que os dois primeiros não foram destinados senão a prepará-lo gradualmente. Então os fatos são ligados por ideias ou leis gerais de uma ordem inteiramente positiva, sugeridas ou confirmadas pelos próprios fatos e que, muitas vezes, não passam de fatos bastante gerais que se transformam em princípios. Procura-se sempre reduzi-los ao menor número possível, mas sem instituir nenhuma hipótese que não seja de natureza a ser verificada algum dia pela observação e deixando de considerá-los, em qualquer caso, senão como um meio de expressão geral para os fenômenos.

Os homens para os quais a marcha das ciências é familiar podem facilmente verificar a exatidão desse resumo histórico geral com relação às quatro ciências fundamentais hoje positivas: a astronomia, a física, a química e a fisiologia, bem como para as ciências que com estas se relacionam. Até mesmo aqueles que não consideraram as ciências senão no estado presente podem fazer essa verificação para a fisiologia que, embora se tenha tornado finalmente tão positiva como as três outras, ainda subsiste sob as três formas nas diferentes classes de espírito, desigualmente contemporâneas. Esse fato é particularmente manifesto para a porção dessa ciência que considera especialmente os fenômenos chamados morais, concebidos por uns como o resultado de uma ação sobrenatural contínua e por outros como os efeitos incompreensíveis da atividade de um ser abstrato e, por outros ainda, como ligados a condições orgânicas suscetíveis de serem demonstradas e para além das quais não se poderia remontar.

Ao considerar a política como uma ciência e aplicando-lhe as observações precedentes, conclui-se que ela já passou pelos dois primeiros estados e que hoje está pronta para alcançar o terceiro.

A doutrina dos reis representa o estado teológico da política. É efetivamente sobre ideias teológicas que está fundada, em última análise. Mostra as relações sociais como se fossem baseadas sobre a ideia sobrenatural do direito divino. Explica as modificações políticas sucessivas da espécie humana por uma direção sobrenatural imediata, exercida de maneira contínua, desde o primeiro homem até o presente. Desse modo é que a política foi unicamente concebida, até o momento em que o antigo sistema começou a declinar.

A doutrina dos povos exprime o estado metafísico da política. Está fundada em totalidade na suposição abstrata e metafísica de um contrato social primitivo, anterior a todo desenvolvimento das faculdades humanas pela civilização. Os meios habituais de raciocínio que ela emprega são os direitos, considerados como naturais e comuns a todos os homens no mesmo grau, e que ela garante por esse contrato. Essa é a doutrina primitivamente crítica, extraída, na origem, da teologia, para lutar contra o antigo sistema e que, a seguir, foi considerada como orgânica. Foi principalmente Rousseau que a resumiu sob uma forma sistemática, numa obra que serviu e que ainda serve de base para as considerações populares sobre a organização social.

Enfim, a doutrina científica da política considera o estado social, sob o qual a espécie humana foi sempre considerada pelos observadores como a consequência necessária de sua organização. Ela concebe a finalidade desse estado social como determinado pela posição que o homem ocupa no sistema natural, tal como está fixado pelos fatos e sem ser encarado como suscetível de explicação. A doutrina vê, com efeito, resultar dessa relação fundamental a tendência constante do homem para agir sobre a natureza, para modificá-la em seu proveito. Ela considera, em seguida, a ordem social como tendo por objeto final desenvolver coletivamente essa tendência natural, regularizá-la e concertá-la para que a ação útil se torne a maior possível. Posto isso, ela tenta relacionar com as leis fundamentais da organização humana, por observações diretas sobre o desenvolvimento coletivo da espécie, a marcha que ela seguiu e os estados intermediários pelos quais foi obrigada a passar antes de chegar a esse estado definitivo. Ao dirigir-se segundo essa série de observações, ela considera os aperfeiçoamentos reservados a cada época como se fossem ditados, ao abrigo de qualquer hipótese, pelo ponto desse desenvolvimento ao qual a espécie humana chegou. Ela concebe ainda, para cada grau de civilização, as combinações políticas como se tivessem unicamente por objeto facilitar os passos que se pressupõe que devam ser dados depois que tiverem sido determinados com precisão.

Esse é o espírito da doutrina positiva que se trata hoje de estabelecer, propondo-se por finalidade fazer sua aplicação ao estado presente da espécie humana civilizada e não considerando seus estados anteriores senão como merecedores de observação para estabelecer as leis fundamentais da ciência.

É fácil explicar de uma só vez porque a política não pôde tornar-se mais cedo uma ciência positiva e para que finalidade é hoje chamada.

Para isso, eram indispensáveis duas condições fundamentais, distintas ainda que inseparáveis.

Em primeiro lugar, era indispensável que todas as ciências particulares tivessem se tornado sucessivamente positivas, pois o conjunto não poderia ser positivo se todos os seus elementos não o fossem. Essa condição está hoje realizada.

As ciências se tornaram positivas, uma após outra, na ordem em que era natural que essa revolução se operasse. Essa ordem é a do grau de maior ou menor complicação de seus fenômenos ou, em outros termos, de sua relação mais ou menos íntima com o homem. Desse modo, os fenômenos astronômicos em primeiro lugar, como sendo os mais simples, seguidos sucessivamente pelos físicos, pelos químicos e pelos fisiológicos, foram direcionados a teorias positivas; os últimos, numa época bem recente. A mesma reforma só poderia ser efetuada em último lugar para os fenômenos políticos que são os mais complicados, porquanto dependem de todos os outros. Mas é evidentemente também necessário que a reforma se efetuasse então, pois teria sido impossível que se realizasse mais cedo.

Em segundo lugar, era indispensável que o sistema social preparatório, no qual a ação sobre a natureza não era mais do que o objetivo indireto da sociedade, chegasse à sua última época.

Por um lado, com efeito, a teoria não podia até então ser estabelecida porque antecederia em muito a prática. Destinada a dirigi-la, não poderia precedê-la a ponto de perdê-la de vista. Por outro lado, não teria sido mais cedo uma base experimental suficiente. Era necessário o estabelecimento de um sistema de ordem social, admitido por uma população muito numerosa e composta de várias grandes nações, e toda a duração possível desse sistema, para que uma teoria pudesse fundar-se sobre essa vasta experiência.

Essa segunda condição está hoje realizada, bem como a primeira. O sistema teológico, destinado a preparar o espírito humano para o sistema científico, chegou ao termo de sua carreira. Isso é incontestável, visto que o sistema metafísico, cujo único objetivo é o de derrubar o sistema teológico, obteve geralmente a preponderância entre os povos. A política científica deve, portanto, instaurar-se naturalmente, porquanto, em vista da impossibilidade absoluta de viver sem uma teoria, seria necessário, se isso não ocorresse, supor que a política teológica se reconstituiria, uma vez que a política metafísica não é, propriamente falando, uma verdadeira teoria, mas uma doutrina crítica, válida somente para uma transição.

Em resumo, nunca houve revolução moral ao mesmo tempo mais inevitável, mais madura e mais urgente do que aquela que deve elevar a política à categoria das ciências de observação, confiada ao conjunto dos sábios europeus. Só essa revolução pode fazer intervir, na grande crise atual, uma força verdadeiramente preponderante, a única capaz de regular e preservar a sociedade das explosões terríveis e anárquicas que a ameaçam, colocando-a no verdadeiro caminho do sistema social aperfeiçoado que o estado de suas luzes reclama imperiosamente.

Para colocar em atividade, o mais prontamente possível, as forças científicas destinadas a cumprir essa missão salutar, seria necessário apresentar o prospecto geral dos trabalhos teóricos a executar para reorganizar a sociedade, elevando a política à categoria das ciências de observação. Tive a ousadia de conceber esse plano, que passo a propor solenemente aos sábios da Europa.

Profundamente convencido de que, logo que essa discussão for iniciada, meu plano, adotado ou rejeitado, conduzirá necessariamente à formação do plano definitivo, não receio convocar todos os sábios europeus, em nome da sociedade, ameaçada por uma longa e terrível agonia de que só uma intervenção deles poderá preservá-la, a emitirem pública e livremente sua opinião motivada pela relação com o quadro geral de trabalhos orgânicos que lhes submeto.

Esse prospecto se compõe de três séries de trabalhos.

A primeira tem por objeto a formação do sistema de observações históricas sobre a marcha geral do espírito humano, destinado a servir de base positiva da política, de maneira a eliminar-lhe inteiramente o caráter teológico e o caráter metafísico, para imprimir-lhe o caráter científico.

A segunda pretende fundar o sistema completo de educação positiva que convém à sociedade regenerada, sendo constituído para agir sobre a natureza; ou, em outros termos, propõe-se a aperfeiçoar essa ação na medida em que ela depende das faculdades do agente.

A terceira, finalmente, consiste na exposição geral da ação coletiva que, no estado atual de todos os seus conhecimentos, os homens civilizados podem exercer sobre a natureza para modificá-la em seu benefício, dirigindo todas as suas forças para essa finalidade e não considerando as combinações sociais senão como meios de alcançar esse objetivo.

Primeira Série De Trabalhos

A condição fundamental a preencher, para tratar a política de maneira positiva, consiste em determinar com precisão os limites dentro dos quais estão encerradas, pela natureza das coisas, as combinações de ordem social. Em outros termos, é necessário que, na política, a exemplo das outras ciências, o papel da observação e aquele da imaginação sejam perfeitamente distintos e que o segundo seja subordinado ao primeiro.

Para apresentar à plena luz essa ideia capital, é necessário comparar o espírito geral da política positiva com aquele da política teológica e da política metafísica. A fim de simplificar esse paralelo, deve-se encerrar essas duas políticas na mesma consideração, o que não poderia alterar os resultados, porquanto, de acordo com o capítulo precedente, a segunda não é no fundo senão uma nuance da primeira, da qual difere essencialmente apenas por um caráter menos pronunciado.

O estado teológico e o estado metafísico de qualquer ciência têm por caráter comum o predomínio da imaginação sobre a observação. A única diferença que existe entre eles, sob esse ponto de vista, é que a imaginação se exerce no primeiro sobre seres sobrenaturais e, no segundo, sobre abstrações personificadas.

A consequência necessária e constante de tal estado do espírito humano é a de persuadir o homem que, sob todos os aspectos, ele é o centro do sistema natural e, por conseguinte, dotado de um poder de ação indefinido sobre esses fenômenos. Essa persuasão resulta evidentemente, de um modo direto, da supremacia exercida pela imaginação que se combina com a tendência orgânica em virtude da qual o homem é levado a formar, em geral, ideias exageradas acerca de sua importância e de seu poder. Tal ilusão forma o traço característico mais sensível dessa infância da razão humana.

Consideradas do ponto de vista filosófico, as revoluções que conseguiram levar as diferentes ciências ao estado positivo tiveram por efeito geral estabelecer em sentido inverso essa ordem primitiva de nossas ideias.

O caráter fundamental dessas revoluções foi o de transportar para a observação a preponderância até então exercida pela imaginação. Em decorrência, as consequências foram igualmente invertidas. O homem foi deslocado do centro da natureza para ser colocado na posição que efetivamente ocupa. De igual modo, sua ação foi encerrada em seus limites reais, reduzindo-a a modificar, mais ou menos, uns pelos outros, certo número de fenômenos que está destinado a observar.

É suficiente indicar o apanhado histórico precedente para que possa ser imediatamente verificada essa posição, com relação às ciências hoje positivas, por todos aqueles que têm a respeito noções claras.

Assim, na astronomia, o homem começou a considera os fenômenos celestes, senão como sujeitos à sua influência, pelo menos como tendo, com todos os detalhes de sua existência, relações diretas e íntimas; foi necessário todo o poder das mais fortes e múltiplas demonstrações para que ele se resignasse a ocupar apenas um lugar subalterno e imperceptível no sistema geral do universo. Do mesmo modo, na química, ele acreditou de início que poderia modificar, segundo seus desejos, a natureza íntima dos corpos, antes de se conformar em tão somente observar os efeitos da ação recíproca das diferentes substâncias terrestres. De modo semelhante, na medicina, foi somente após ter esperado durante muito tempo poder retificar à sua vontade os desarranjos de sua organização, e até mesmo depois de resistir indefinidamente às causas de destruição, que o homem finalmente reconheceu que sua ação seria nula enquanto não concorresse com aquela da organização e, com mais forte razão, quando lhe era oposta.

A política também não escapou, como as outras ciências, a essa lei fundada sobre a natureza das coisas. O estado em que a ciência política tem se mantido até o presente, e no qual ainda se encontra, corresponde com analogia perfeita ao que era a astrologia para a astronomia, a alquimia para a química, e a procura da panaceia universal para a medicina.

É evidente, em primeiro lugar e de acordo com o capítulo anterior, que a política teológica e a política metafísica, consideradas em sua maneira de proceder, concordam em fazer dominar a imaginação sobre a observação. Sem dúvida, não se poderia pretender que até aqui a observação não tenha sido empregada na política teórica, mas ela não o foi senão de uma maneira subalterna, sempre às ordens da imaginação, como não o era, por exemplo, a química na época da alquimia.

Essa preponderância da imaginação deve ter tido necessariamente para a política consequências análogas àquelas que já foram descritas anteriormente para as outras ciências. É o que se pode facilmente verificar por observações diretas sobre o espírito comum da política teológica e da política metafísica, consideradas do ponto de vista teórico.

O homem acreditou até o presente no poder ilimitado de suas combinações políticas para o aperfeiçoamento da ordem social. Em outros termos, a espécie humana foi considerada até agora, em política, destituída de qualquer impulso que lhe seja próprio, como se pudesse sempre receber passivamente aquele eventual impulso que o legislador, investido de uma autoridade suficiente, quisesse lhe dar.

Por uma consequência necessária, o absoluto reinou sempre e reina ainda na política teórica, seja teológica, seja metafísica. O objetivo comum que elas se propõem e o de estabelecer, cada uma a seu modo, o tipo eterno da mais perfeita ordem social, sem ter em vista qualquer estado de civilização determinado. Uma e outra rivalizam na pretensão de terem encontrado exclusivamente um sistema de instituições que permita alcançar esse objetivo. A única coisa que as distingue, a esse respeito, é que a primeira proíbe formalmente toda modificação importante ao plano que traçou, enquanto a segunda permite o exame do plano, contanto que o mesmo seja dirigido no mesmo sentido. Com leves diferenças, seu caráter é igualmente absoluto.

Esse absoluto é ainda mais sensível em suas aplicações à política prática. Cada uma das teorias vê, em seu sistema de instituições, uma espécie de panaceia universal aplicável, com uma infalível segurança, a todos os males políticos, seja de que natureza possam ser, e seja qual for o grau atual de civilização do povo ao qual o remédio for destinado. De igual modo ainda, ambas julgam os regimes dos diferentes povos nas diversas épocas da civilização unicamente de acordo com sua maior ou menor conformidade ou oposição com o tipo invariável de perfeição que estabeleceram. Assim, para citar um exemplo recente e sensível, os partidários da política teológica e aqueles da política metafísica proclamaram, cada um por sua vez e com breve intervalo, que a organização da Espanha era superior àquela das nações europeias mais avançadas, sem que uns e outros tivessem tomado realmente em conta a inferioridade atual dos espanhóis em civilização em comparação com os franceses e os ingleses, abaixo dos quais foram colocados quanto ao regime político. Julgamentos como esse, fáceis de multiplicar, mostram com evidência como é próprio, no espírito da política teológica e da política metafísica, fazer abstração total do estado de civilização.

Importa observar a esse respeito, para acabar de caracterizar as duas políticas, que elas concordam, em geral, por motivos diferentes, em fazer coincidir a perfeição da organização social com um estado de civilização muito imperfeito. Pode-se até mesmo ver que os partidários mais consequentes da política metafísica, como Rousseau, que a coordenou, foram levados até o ponto de considerar o estado social como uma degeneração de um estado de natureza, composto de sua imaginação, o que não é mais do que a análoga metafísica da ideia teológica relativa à degradação da espécie humana pelo pecado original.

Esse resumo exato confirma que a preponderância da imaginação sobre a observação produziu, na política, resultados perfeitamente semelhantes àqueles que ela havia gerado nas outras ciências, antes que se tivessem tornado positivas. A procura absoluta do melhor governo possível, abstração feita do estado da civilização, é evidentemente, de modo absoluto, da mesma ordem de um tratamento geral aplicável a todas as doenças e a todos os temperamentos.

Ao procurar reduzir à sua expressão mais simples o espírito geral da política teológica e metafísica, pode-se ver, por aquilo que precede, que se reduz a duas considerações essenciais. Relativamente à maneira de proceder, consiste no predomínio da imaginação sobre a observação. Relativamente às ideias gerais destinadas a dirigir os trabalhos, consiste, por um lado, em considerar a organização social de um modo abstrato, ou seja, como independente do estado da civilização e, por outro lado, a considerar a marcha da civilização como se não estivesse sujeita a qualquer lei.

Ao tomar esse espírito em sentido inverso, deve-se necessariamente encontrar aquele da política positiva, uma vez que a mesma oposição se observa, conforme o que foi anteriormente estabelecido, entre o estado conjetural e o estado positivo de todas as outras ciências. Não se realizará outra coisa, por essa operação intelectual, senão estender para o futuro a analogia observada no passado. Efetuando a operação, é-se conduzido aos resultados que se seguem.

Em primeiro lugar, para tornar positiva a ciência política, é necessário introduzir nela, como nas outras ciências, a preponderância da observação sobre a imaginação. Em segundo lugar, para que essa condição fundamental possa ser satisfeita, é necessário conceber, por um lado, a organização social como intimamente ligada com o estado da civilização e determinada por ele. Por outro lado, importa considerar a marcha da civilização como sujeita a uma lei invariável, baseada sobre a natureza das coisas.

A política não poderia tornar-se positiva ou, o que resulta na mesma coisa, a observação nunca poderia prevalecer sobre a imaginação, enquanto essas duas condições não forem satisfeitas. Mas é claro, reciprocamente, que, se elas o são, se a teoria política está inteiramente estabelecida nesse espírito, a imaginação se encontrará, de fato, subordinada à observação, e a política será positiva. Assim, é a essas duas condições que tudo se reduz em última análise.

Essas são, portanto, as duas ideias capitais que devem presidir aos trabalhos positivos sobre a política teórica. Em vista de sua extrema importância, é indispensável considerá-las em seus mínimos detalhes. Não se trata aqui de estabelecer sua demonstração, porque esse será precisamente o resultado dos trabalhos a efetuar. Trata-se unicamente de apresentar um enunciado delas, bastante completo, para que os espíritos capazes de julgar possam proceder a uma espécie de verificação antecipada ao compará-las aos fatos geralmente conhecidos, verificação suficiente para se convencer da possibilidade de tratar a política à maneira das ciências de observação. Nosso objetivo principal terá sido alcançado, se tivermos apoiado o surgimento dessa convicção.

A civilização consiste, propriamente falando, no desenvolvimento do espírito humano, por um lado, e no desenvolvimento da ação do homem sobre a natureza, por outro, o que é uma consequência. Em outros termos, os elementos de que se compõe a ideia de civilização são: as ciências, as belas-artes e a indústria. Esta última expressão foi tomada no sentido mais amplo, aquele que sempre lhe conferi.

Ao considerar a civilização sob esse ponto de vista preciso e elementar, é fácil reconhecer que o estado da organização social é essencialmente dependente daquele da civilização e do qual deve ser considerado uma consequência, ao passo que a política de imaginação o considera como isolado e até mesmo totalmente independente.

O estado da civilização determina necessariamente aquele da organização social, seja sob o aspecto espiritual, seja sob o aspecto temporal, os dois aspectos mais importantes. Em primeiro lugar, determina-lhes a natureza própria, porque fixa o objetivo da atividade da sociedade; além disso, prescreve-lhes a forma essencial, porque cria e desenvolve as formas sociais temporais e espirituais, destinadas a dirigir essa atividade geral. É claro, com efeito, que a atividade coletiva do corpo social, sendo apenas a resultante das atividades individuais de todos os seus membros, dirigidas para uma finalidade comum, não poderia ser de natureza diferente daquela de seus elementos, que são evidentemente determinados pelo estado mais ou menos avançado das ciências, das belas-artes e da indústria. É ainda mais evidente que haveria impossibilidade em conceber a existência prolongada de um sistema político que não investisse com o poder supremo as forças sociais preponderantes, cuja natureza é invariavelmente prescrita pelo estado da civilização. O que o raciocínio indica, a experiência o confirma.

Todas as variedades de organização social, que existiram até o presente, não foram senão modificações mais ou menos extensas de um sistema único, o sistema militar e teológico. A formação primitiva desse sistema foi uma consequência evidente e necessária do estado imperfeito da civilização dessa época. Como a indústria estava em sua infância, a sociedade teve de tomar naturalmente a guerra como objetivo de sua atividade, sobretudo se considerarmos que um tal estado de coisas lhe facilitava os meios, ao mesmo tempo que lhe impunha a lei pelos estimulantes mais enérgicos que agem sobre o homem, a necessidade de exercer suas faculdades e aquela de viver. De igual modo, é claro que o estado teológico, no qual se encontravam então todas as teorias particulares, imprimia forçosamente o mesmo caráter às ideias gerais destinadas a servir de liame social. O terceiro elemento de civilização, as belas-artes, era então predominante e é ele que, com efeito, principalmente fundou, de maneira regular, essa primeira organização. Se não tivesse sido desenvolvido, seria impossível imaginar como a sociedade poderia ter se organizado.

Ao observar a seguir as modificações sucessivas que esse sistema primitivo sofreu até nossos dias e que foram tomadas pelos metafísicos como outros tantos sistemas diferentes, chegar-

-se-á ao mesmo resultado. Ver-se-á em todas efeitos inevitáveis da extensão sempre crescente adquirida pelo elemento científico e pelo elemento industrial, quase nulos na origem. Foi assim que a transição do politeísmo para o monoteísmo, e mais tarde a reforma do protestantismo, foi produzida principalmente pelos progressos contínuos, ainda que lentos, dos conhecimentos positivos ou, em outros termos, pela ação exercida sobre as antigas ideias gerais pelas ideias particulares que, pouco a pouco, haviam deixado de ser da mesma ordem que aquelas. De igual modo, sob o aspecto temporal, a passagem do estado romano para o estado feudal e, mais claramente ainda, a decadência deste pela liberação das comunas e suas consequências devem ser essencialmente relacionadas com a importância progressiva do elemento industrial. Numa palavra, todos os fatos gerais constatam a estreita dependência da organização social em relação à civilização.

Os melhores espíritos, aqueles que mais se têm aproximado do estado positivo na política, começam hoje a entrever esse princípio fundamental. Percebem que é absurdo conceber isoladamente o sistema político, fazer derivar dele as forças da sociedade, do qual, ao contrário, recebe as suas, sob pena de nulidade. Numa palavra, eles já admitem que a ordem política não é e não pode ser mais do que a expressão da ordem civil, o que significa, em outros termos, que as forças sociais preponderantes terminam, necessariamente, por tornar-se dirigentes. Falta apenas um passo mais a dar para chegar a reconhecer a subordinação do sistema político em relação à civilização. De fato, se é claro que a ordem política é a expressão da ordem civil, é pelo menos tão evidente que a própria ordem civil não passa da expressão do estado da civilização.

Sem dúvida, a organização social reage por sua vez, de uma maneira inevitável e mais ou menos enérgica, sobre a civilização. Mas essa influência, que é apenas secundária, apesar de sua grande importância, não deve fazer inverter a ordem natural de dependência. A prova de que essa ordem é realmente aquela que acabou de ser indicada pode ser tirada dessa mesma reação, considerada convenientemente. De fato, é de experiência constante que, se a organização social for constituída em sentido contrário ao da civilização, a segunda acaba sempre por superar a primeira.

Deve-se, portanto, admitir, como uma das duas ideias fundamentais que fixam o espírito da política positiva, que a organização social não deve ser considerada, quer no presente, quer no passado, isoladamente do estado da civilização, da qual deve ser considerada como uma derivação necessária. Se, para facilitar o estudo, por vezes se julga útil examiná-los separadamente, essa abstração deve ser sempre concebida como simplesmente provisória e nunca deve levar a perder de vista a subordinação estabelecida pela natureza das coisas.

A segunda ideia fundamental consiste em que os progressos da civilização se desenvolvem segundo uma lei necessária.

A experiência do passado prova, da maneira mais decisiva, que a civilização está sujeita em seu desenvolvimento progressivo a uma marcha natural e irrevogável, derivada das leis da organização humana, e que se torna, por sua vez, a lei suprema de todos os fenômenos políticos.

Não se trata aqui, evidentemente, de expor com precisão as características dessa lei e sua verificação pelos fatos históricos, por mais simples que sejam. Trata-se apenas, por ora, de apresentar algumas considerações sobre essa ideia fundamental.

Uma primeira consideração deve levar a sentir a necessidade de supor uma tal lei, para a explicação dos fenômenos políticos.

Todos os homens que possuem certo conhecimento dos fatos históricos mais marcantes, quaisquer que sejam por outro lado suas opiniões especulativas, deverão convir que, se for considerado o conjunto da espécie humana politizada, esta fez, na civilização, progressos ininterruptos desde os tempos históricos mais remotos até nossos dias. Nessa proposição, a palavra civilização é entendida precisamente como foi explicada anteriormente e, compreendendo nela, além disso, como consequência, a organização social.

Não se pode levantar nenhuma dúvida razoável sobre esse grande fato para a época que se estende do século XI até o presente, isto é, desde a introdução das ciências de observação na Europa pelos árabes e desde a liberação das comunas. Mas esse fato não é menos incontestável para a época precedente. Os sábios hoje reconheceram muito bem que as pretensões dos eruditos acerca dos conhecimentos científicos muito avançados dos antigos carecem de qualquer fundamentação real. Está provado que os árabes os ultrapassaram. Ocorreu o mesmo, e ainda mais claramente, com a indústria, pelo menos em tudo aquilo que exige uma verdadeira capacidade e que não é o efeito de circunstâncias puramente acidentais. Ainda que excluíssemos as belas-artes, essa exclusão, que se explica de uma maneira de todo natural, deixaria à proposição uma generalidade suficiente. Enfim, quanto à organização social, é de todo transparente que ela fez, no mesmo período, progressos de primeira ordem, pelo estabelecimento do cristianismo e pela formação do regime feudal, bem superior às organizações gregas e romanas.

É certo, portanto, que a civilização progrediu continuamente e sob todos os aspectos.

Por outro lado, sem adotar, relativamente ao passado, o espírito de difamação cego quanto injusto, introduzido pela metafísica, não se pode deixar de reconhecer que, em consequência do estado de infância no qual a política permaneceu até agora, as combinações práticas que foram dirigidas sobre a civilização não eram sempre as mais adequadas para que ela progredisse e, até mesmo com frequência, tendiam muito mais a entravar do que a favorecer sua marcha. Houve épocas em que toda a ação política principal parecia direcionada para um sentido inteiramente estacionário. Essas épocas são, em geral, aquelas da decadência dos sistemas, aquelas, por exemplo, do imperador Juliano, de Filipe II e dos jesuítas e, por último, aquela de Bonaparte. Observe-se, por outro lado, de acordo com a discussão precedente, que a organização social não regula a marcha da civilização, da qual ela é, ao contrário, o produto.

A cura frequente das doenças sob a influência de tratamentos evidentemente viciosos levou os médicos a conhecer a ação poderosa que todo o corpo vivo desenvolve espontaneamente para reparar as perturbações acidentais de sua organização. De igual modo, o avanço da civilização, por meio das combinações políticas desfavoráveis, prova claramente que a civilização está sujeita a uma marcha natural, independente de todas as combinações e que as domina. Se esse princípio não tivesse sido admitido, não haveria outro partido a tomar para explicar um fato como esse, para compreender como a civilização quase sempre aproveitou os erros que foram cometidos, em vez de sofrer por isso um retardamento, do que recorrer a uma direção sobrenatural imediata e contínua, a exemplo da política teológica.

De resto, convém observar a esse respeito que com muita frequência foram consideradas como desfavoráveis à marcha da civilização causas que só o eram na aparência. A razão disso é sobretudo porque até mesmo os melhores espíritos não prestaram atenção até hoje a uma das leis essenciais dos corpos organizados que se aplica tão bem à espécie humana quando atua coletivamente como a um indivíduo isolado. Essa lei consiste na necessidade das resistências, até certo grau, para que todas as forças possam se desenvolver plenamente. De fato, se os obstáculos são necessários para que as forças se desenvolvam, não são eles que as produzem.

A conclusão deduzida dessa primeira consideração ficaria muito mais fortalecida se se levasse em conta a identidade notável observada no desenvolvimento da civilização de diferentes povos, entre os quais não se pode razoavelmente supor nenhuma comunicação política. Essa identidade não pode ter sido produzida senão pela influência de uma marcha natural da civilização, uniforme para todos os povos, porque ela deriva das leis fundamentais da organização humana, leis que são comuns a todos. Assim, por exemplo, os costumes dos primeiros tempos da Grécia, como Homero os descreveu, foram observados em nossos dias, com uma semelhança surpreendente, nas nações selvagens da América setentrional; o feudalismo observado entre os malaios com o mesmo caráter essencial que teve na Europa no século XI etc. não pode evidentemente ser explicado senão dessa única maneira.

Uma segunda consideração poderá tornar mais fácil perceber a existência de uma lei natural que preside o desenvolvimento da civilização.

Caso se admitir, em conformidade com o apanhado anteriormente apresentado, que o estado social é uma derivação necessária do estado da civilização, pode-se deduzir, da observação da marcha, esse elemento complicado, e o que for visto para os outros não deixará de ser menos aplicável a ele como consequência.

Ao reduzir desse modo a questão a seus termos mais simples, torna-se fácil perceber que a civilização está sujeita a uma marcha determinada e invariável.

Uma filosofia superficial, que faria deste mundo um palco de milagres, exagerou prodigiosamente a influência do acaso, isto é, das causas isoladas, nas coisas humanas. Esse exagero é manifesto sobretudo nas ciências e nas artes. Entre outros exemplos notáveis, todos conhecem a singular admiração da qual muitos homens de espírito foram afetados, ao pensarem na lei da gravidade universal revelada a Newton pela queda de uma maçã.

É geralmente reconhecido hoje, por todos os homens sensatos, que o acaso não tem senão uma parte infinitamente pequena nas descobertas científicas e industriais. O acaso só representa um papel essencial nas descobertas sem importância alguma. Mas a esse erro sucedeu outro que, muito menos irracional em si, apresenta no entanto e de fato quase os mesmos inconvenientes. O papel do acaso foi transferido ao gênio, com uma característica aproximadamente semelhante. Essa transformação praticamente não explica melhor os atos do espírito humano.

A história dos conhecimentos humanos prova no entanto, da maneira mais sensível, e os melhores espíritos já o reconheceram, que todos os trabalhos se encadeiam nas ciências e nas artes, seja na mesma geração, seja de uma geração a outra, de tal modo que as descobertas de uma geração preparam aquelas da seguinte, como já tinham sido preparadas por aquelas da precedente. Constatou-se que o poder do gênio isolado é muito menor do que aquela que lhe havia sido atribuída. O homem que mais justamente se tornou ilustre por grandes descobertas deve quase sempre a maior parte de seus êxitos a seus predecessores na carreira que percorre. Numa palavra, o espírito humano segue, no desenvolvimento das ciências e das artes, uma marcha determinada, superior às maiores forças intelectuais que não aparecem, por assim dizer, senão como instrumentos destinados a produzir nos tempos próprios as descobertas sucessivas.

Limitando-se a considerar as ciências que podem ser seguidas com maior facilidade desde tempos remotos, verifica-se, com efeito, que as grandes épocas históricas de cada uma delas, ou seja, sai passagem para o estado teológico, para o estado metafísico e, enfim, para o estado positivo, são rigorosamente determinadas. Esses três estados se sucedem necessariamente seguindo essa ordem baseada na natureza do espírito humano. A transição de um estado para outro se faz segundo uma marcha cujos passos principais são análogos para todas as ciências e da qual nenhum homem de gênio poderia saltar um só ponto intermediário essencial. Se, dessa divisão geral, se passar às subdivisões do estado científico ou definitivo, observa-se ainda a mesma lei. Assim, por exemplo, a grande descoberta da gravidade universal foi preparada pelos trabalhos dos astrônomos e dos geômetras dos séculos XVI e XVII, principalmente por aqueles de Kepler e de Huyghens, sem os quais essa descoberta teria sido impossível, mas que não poderia deixar de se realizar, mais cedo ou mais tarde.

Não poderia, portanto, parecer duvidoso, de acordo com o exposto precedentemente, que a marcha da civilização, considerada em seus elementos, estivesse sujeita a uma lei natural e constante que domina todas as divergências humanas particulares. Como o estado da organização social segue necessariamente aquele da civilização, a mesma conclusão se aplica portanto à civilização, considerada ao mesmo tempo em seu conjunto e em seus elementos.

As duas considerações já enunciadas são suficientes, não para demonstrar completamente a marcha necessária da civilização, mas para fazer sentir sua existência, para mostrar a possibilidade de determinar com precisão todos os seus atributos, estudando-a pela observação aprofundada do passado, e para assim criar a política positiva.

Trata-se agora de fixar exatamente a finalidade prática dessa ciência, seus pontos de contato gerais com as necessidades da sociedade e, sobretudo, com a grande reorganização que está sendo imperiosamente exigida pelo estado atual do corpo social.

Para isso, é necessário, em primeiro lugar, precisar os limites dentro dos quais está encerrada toda a ação política real.

A lei fundamental que rege a marcha natural da civilização prescreve rigorosamente todos os estados sucessivos pelos quais a espécie humana está sujeita a passar em seu desenvolvimento geral. Por outro lado, essa lei resulta necessariamente da tendência instintiva da espécie humana em se aperfeiçoar. Por conseguinte, ela está tão acima de nossa dependência como os instintos individuais cuja combinação produz essa tendência permanente. Como nenhum fenômeno conhecido autoriza a pensar que a organização humana esteja sujeita a alguma modificação radical, a marcha da civilização que dela deriva é, portanto, essencialmente inalterável quanto ao fundo. Em termos mais precisos, nenhum dos graus intermediários que ela fixa pode ser ultrapassado e nenhum passo retrógrado verdadeiro pode ser dado.

A marcha da civilização somente é modificada, para mais ou para menos, em sua rapidez, dentro de certos limites, por várias causas físicas e morais, suscetíveis de apreciação. Entre essas causas estão as combinações políticas. Esse é o único meio pelo qual é dado ao homem influir na marcha de sua própria civilização.

Essa ação, com referência à espécie, é de todo análoga àquela que nos é permitida com relação ao indivíduo, analogia que resulta da identidade de origem. Pode-se, por meios convenientes, acelerar ou retardar, até certo ponto limitado, o desenvolvimento de um instinto individual, mas não se pode destruí-lo nem desnaturá-lo. O mesmo ocorre com o instinto da espécie, guardada a proporção, quanto aos limites, da vida da espécie comparada com aquela do indivíduo.

A marcha natural da civilização determina, pois, para

cada época, ao abrigo de qualquer hipótese, os aperfeiçoamentos que o estado social deve assimilar, seja em todos os seus elementos, seja em seu conjunto. Só esses podem ser executados e se executam necessariamente com a ajuda das combinações feitas pelos filósofos e pelos homens de Estado, ou apesar dessas combinações.

Todos os homens que exerceram uma ação real e duradoura sobre a espécie humana, seja sob o aspecto temporal, seja sob o aspecto espiritual, foram guiados e sustentados por essa verdade fundamental, que o instinto usual do gênio lhes fez entrever, ainda que essa verdade não tenha sido ainda estabelecida por uma demonstração metódica. Os homens perceberam, em cada época, quais eram as modificações que tendiam a se efetuar, conforme o estado da civilização, e as proclamaram, propondo a seus contemporâneos as doutrinas ou as instituições correspondentes. Quando sua teoria se revelou em total conformidade com o verdadeiro estado das coisas, as mudanças se pronunciaram ou se consolidaram quase imediatamente. Novas forças sociais, que, havia muito tempo, se desenvolviam em silêncio, de repente apareceram por meio das vozes deles na cena política com todo o vigor da juventude.

Uma vez que a história não foi escrita e estudada senão num espírito superficial, essas coincidências, efeitos tão marcantes, em vez de instruir os homens, como seria natural supor, só lhes causaram assombro. Esses fatos malvistos contribuem até mesmo para manter ainda a crença teológica e metafísica no poder indefinido e criador dos legisladores sobre a civilização. Mantêm essa ideia supersticiosa nos espíritos que estariam dispostos a rejeitá-la, se não se configurasse apoiada sobre a observação. Esse lamentável efeito resulta de que, nesses grandes acontecimentos, só são vistos os homens e jamais as coisas que os impelem com uma força irresistível. Em lugar de reconhecer a influência preponderante da civilização, consideram-se os esforços desses homens previdentes como as verdadeiras causas dos aperfeiçoamentos que se realizaram e que teriam tido igualmente lugar, um pouco mais tarde, sem sua intervenção. Não se toma sequer em consideração a enorme desproporção da pretensa causa com o efeito, desproporção que tornaria a explicação muito mais ininteligível do que o próprio fato. Numa palavra, segundo a engenhosa expressão de Madame de Stäel, toma-se os atores pela peça.

Semelhante erro é absolutamente da mesma natureza que aquele dos índios que atribuíram a Cristóvão Colombo o eclipse que ele havia previsto.

Em geral, quando o homem parece exercer uma grande ação, isso não acontece por suas próprias forças, que são extremamente pequenas. São sempre forças exteriores que agem por ele, segundo leis sobre as quais nada pode. Todo o seu poder reside em sua inteligência, que o coloca em condições de conhecer essas leis pela observação, de prever seus efeitos e, por conseguinte, de fazê-los concorrer ao fim que se propõe, contanto que empregue essas forças em conformidade com a natureza delas. Uma vez a ação produzida, a ignorância das leis naturais conduz o espectador e, às vezes, o próprio ator a atribuir ao poder do homem o que não é devido senão à sua previdência.

Essas observações gerais se aplicam a uma ação filosófica, da mesma maneira e pelas mesmas razões que se aplicam a uma ação física, química e fisiológica. Toda ação política é seguida de um efeito real e duradouro, sempre que for exercida no mesmo sentido da força da civilização, sempre que se propuser a operar mudanças que essa força comanda atualmente. A ação é nula, ou pelo menos efêmera, em qualquer outra hipótese.

O caso mais vicioso é, sem dúvida, aquele em que o legislador, tanto o temporal como o espiritual, age, quer o deseje ou não, num sentido retrógrado, porque nesse caso se constitui em oposição com aquilo que só pode fazer sua força. Mas essa marcha é de tal modo o regulador exato da ação política que essa ação ainda é nula, apesar da tendência progressiva, quando pretende avançar mais do que está determinado. A experiência prova, com efeito, que o legislador, de qualquer suposto poder de que possa estar revestido, falha necessariamente se passar a operar aperfeiçoamentos que estão na linha dos progressos naturais da civilização, mas muito acima de seu estado atual. Assim, por exemplo, as grandes tentativas de José II para civilizar a Áustria, mais do que o comportava seu estado presente, foram tão completamente condenadas à nulidade como os esforços imensos de Bonaparte para fazer a França regredir ao regime feudal, embora ambos estivessem armados com os mais amplos poderes arbitrários.

Das considerações previamente indicadas, segue-se que a verdadeira política, a política positiva, não deve mais ter a pretensão de governar seus fenômenos, como as outras que não governam seus respectivos fenômenos. As ciências renunciaram a essa ambiciosa quimera que caracterizou seu período de infância para se limitarem a observar seus fenômenos e a ligá-los entre si. A política deve fazer o mesmo. Deve ocupar-se unicamente de coordenar todos os fatos particulares relativos à marcha da civilização, de reduzi-los ao menor número possível de fatos gerais, cujo encadeamento deve pôr em evidência a lei natural dessa marcha, apreciando em seguida a influência das diversas causas que podem lhe modificar a velocidade.

A utilidade prática dessa política de observação pode ser agora precisada com facilidade.

A política sadia não poderia ter por objeto fazer marchar a espécie humana, que se move por um impulso próprio, segundo uma lei tão necessária embora mais modificável que aquela da gravidade. Mas ela tem por finalidade facilitar sua marcha, iluminando-a.

Há realmente uma grande diferença entre obedecer à marcha da civilização sem dar-se conta e obedecer a ela com conhecimento de causa. As mudanças que ela comanda não ocorrem com menor intensidade no primeiro caso do que no segundo, mas levam mais tempo para se realizarem e, sobretudo, só se realizam depois de terem produzido na sociedade funestos abalos, mais ou menos graves, segundo a natureza e a importância dessas modificações. Ora, os atritos de toda espécie que resultam disso para o corpo social podem ser evitados, em grande parte, por meios baseados no conhecimento exato das modificações que tendem a se efetuar.

Esses meios consistem em fazer com que os aperfeiçoamentos, uma vez previstos, se pronunciem de uma maneira direta, em vez de esperar que venham à luz, pela única força das coisas, através de todos os obstáculos gerados pela ignorância. Em outros termos, o objetivo essencial da política prática é, propriamente, evitar as revoluções violentas que nascem dos entraves mal entendidos aportados à marcha da civilização e reduzi-los, tão depressa quanto possível, a um simples movimento moral, tão regular, embora mais vivo, como aquele que agita suavemente a sociedade nos tempos normais. Ora, para alcançar esse objetivo, é evidentemente indispensável conhecer, com a maior precisão possível, a tendência atual da civilização, a fim de conformar a ela a ação política.

Seria, sem dúvida, quimérico esperar que movimentos que comprometem mais ou menos as ambições e os interesses de classes inteiras possam operar de uma maneira perfeitamente calma. Mas não é menos certo que, até hoje, tem sido dada a essa causa uma importância excessiva na explicação das revoluções tumultuosas, cuja violência foi devida, em grande parte, à ignorância das leis naturais que regulam a marcha da civilização.

Nada até que demasiado comum ver atribuir ao egoísmo o que está essencialmente ligado à ignorância; e esse erro funesto contribui para manter a irritação entre os homens, em suas relações privadas e públicas. Mas, no caso atual, não é evidente que os homens arrastados até hoje a colocar-se de fato em oposição à marcha da civilização não o teriam tentado se essa oposição tivesse sido solidamente demonstrada? Ninguém é tão insensato para levantar-se, conscientemente, em insurreição contra a natureza das coisas. Ninguém se compraz em exercer uma ação ao ver claramente que deverá ser efêmera. Desse modo, as demonstrações da política de observação são suscetíveis de agir sobre as classes, cujos preconceitos e interesses levariam a lutar contra a marcha da civilização.

Não se deve, sem dúvida, exagerar a influência da inteligência na conduta dos homens. Mas, com certeza, a força da demonstração tem uma importância muito superior àquela que até agora lhe tem sido atribuída. A história do espírito humano prova que muitas vezes essa força determinou, por si só, transformações em que ela tinha que lutar contra as maiores forças humanas reunidas. Para não citar senão o exemplo mais notável, unicamente o poder das demonstrações positivas é que levou a adotar a teoria do movimento da terra, que teve de vencer não somente a resistência do poder teológico, tão vigoroso ainda naquela época, mas sobretudo o orgulho de toda a espécie humana, apoiado nos motivos mais verossímeis que uma ideia falsa jamais havia tido a seu favor. Experiências tão decisivas deveriam esclarecer-nos sobre a força preponderante que resulta das demonstrações verdadeiras. É principalmente porque nunca houve na política demonstrações dessa ordem que os homens de Estado se deixaram levar até às maiores aberrações práticas. Que apareçam as demonstrações, e as aberrações logo haverão de desaparecer.

Mas, por outro lado, considerando somente os interesses, é fácil prever que a política positiva deve fornecer os meios para evitar as revoluções violentas.

Com efeito, se os aperfeiçoamentos necessitados pela marcha da civilização têm de combater certas ambições e certos interesses, outros existem que lhes são favoráveis. Além disso, pelo próprio fato de que esses aperfeiçoamentos atingiram a maturidade, as forças reais em seu favor são superiores às forças opostas, embora a aparência nem sempre o indique dessa maneira. Ora, ainda que se duvidasse, relativamente a essas últimas forças, que o conhecimento positivo da marcha da civilização pudesse ser útil para engajá-las a aceitar com resignação uma lei inevitável, sua importância, com relação às outras forças, não poderia evidentemente ser posta em questão. Guiadas por esse conhecimento, as classes ascendentes, percebendo claramente o fim a atingir para o qual são chamadas, poderão marchar em sua direção de maneira direta, em vez de se fatigarem em tentativas e desvios. Elas combinarão com segurança os meios de anular antecipadamente todas as resistências e de facilitar a seus adversários a transição para a nova ordem das coisas. Numa palavra, o triunfo da civilização se realizará de uma maneira ao mesmo tempo tão pronta e tão calma quanto a natureza das coisas o permitir.

Em resumo, a marcha da civilização não se executa, propriamente falando, seguindo uma linha reta. Ela se compõe de uma sequência de oscilações progressivas, mais ou menos extensas e mais ou menos lentas, aquém e além de uma linha média, comparáveis àquelas que o mecanismo da locomoção apresenta. Ora, essas oscilações podem ser tornadas mais curtas e mais rápidas por meio de combinações políticas baseadas no conhecimento do movimento médio, que tende sempre a predominar. Essa é a utilidade prática permanente desse conhecimento. Ela tem evidentemente tanto maior importância quanto mais importantes forem as transformações necessitadas pela marcha da civilização. Essa utilidade atinge hoje, portanto, seu mais alto grau, porque a reorganização social, única que pode terminar a crise atual, é a mais completa de todas as revoluções que a espécie humana tem experimentado.

O dado fundamental da política prática geral, seu ponto de partida positivo, é portanto a determinação da tendência da civilização, a fim de conformar a ela a ação política e, com isso, tornar mais suaves e mais curtas possíveis as crises inevitáveis a que a espécie humana está sujeita nessas passagens sucessivas pelos diferentes estados da civilização.

Espíritos bondosos, mas pouco familiarizados com a maneira de proceder que convém ao espírito humano, reconhecendo a necessidade de determinar essa tendência da civilização, para conferir uma base sólida e positiva às combinações políticas, poderiam pensar que não é indispensável para fixá-la estudar a marcha geral da civilização desde sua origem e que bastaria considerá-la em seu estado presente. Essa ideia é natural, visto a maneira limitada pela qual a política tem sido encarada até hoje. Mas é fácil mostrar sua falsidade.

A experiência provou que, enquanto o espírito do homem permanecer engajado numa direção positiva, há muitas vantagens e nenhum inconveniente a que se eleve ao mais alto grau de generalidade possível, porque é infinitamente mais fácil descer do que subir. Na infância da fisiologia positiva, começou-se por acreditar que, para conhecer a organização humana, bastaria estudar unicamente o homem, o que era um erro inteiramente análogo àquele de que aqui se trata. Reconheceu-se depois que, para formar ideias bem nítidas e convenientemente amplas da organização humana, era indispensável considerar o homem como um termo da série animal e até mesmo, por meio de uma visão mais geral ainda, como um ser que faz parte do conjunto dos corpos organizados. A fisiologia só se constituiu definitivamente depois que a comparação das diferentes classes de seres vivos foi amplamente estabelecida e também depois que começa a ser regularmente empregada no estudo do homem.

Existem, na política, diversos estados de civilização, como existem organizações diversas na fisiologia. Deve-se ter presente, porém, que os motivos que obrigam a considerar as diferentes épocas de civilização são ainda mais diretos do que aqueles que levaram os fisiologistas a estabelecer a comparação de todas as organizações.

Sem dúvida, um estudo do estado presente da civilização, considerado em si mesmo, independentemente daqueles que o precederam, é próprio para fornecer materiais muito úteis para a formação da política positiva, contanto que os fatos sejam observados de uma maneira filosófica. É até mesmo certo que é por estudos desse gênero que os verdadeiros homens de Estado puderam até agora modificar as doutrinas conjeturais que dirigiam seus espíritos, de modo a torná-las menos discordantes das necessidades reais da sociedade. Mas não deixa de ser menos evidente que tal estudo é de uma insuficiência total para formar uma verdadeira política positiva. É impossível ver nele mais do que materiais. Numa palavra, a observação do estado presente da civilização, considerado isoladamente, não pode determinar mais a tendência atual da sociedade do que poderia fazê-lo o estudo de qualquer outra época isolada. A razão disso é que, para estabelecer uma lei, não basta um só termo, porque são exigidos pelo menos três, a fim de que a ligação, descoberta pela comparação dos dois primeiros e verificada pelo terceiro, possa servir para encontrar o seguinte, o que é a finalidade de toda lei.

Quando, ao seguir uma instituição e uma ideia social, ou então um sistema de instituições e uma doutrina inteira, desde seu surgimento até a época atual, descobre-se que, a partir de certo momento, seu império foi sempre diminuindo ou sempre aumentando, podendo prever com certeza total, após uma série de observações, o destino que lhes é reservado. No primeiro caso, será constatado que caminham em sentido contrário da civilização, resultando disso que serão fadadas a desaparecer. No segundo caso, pelo contrário, concluir-se-á que devem terminar por dominar. A época da queda ou aquela do triunfo poderão até ser calculadas aproximadamente pela extensão e pela rapidez das variações observadas. Tal estudo evidentemente é uma fonte fecunda de instrução positiva.

Mas o que pode ensinar a observação isolada de um só estado, no qual tudo é confundido, as doutrinas, as instituições, as classes que descem, e as doutrinas, as instituições, as classes que sobem, sem contar com a ação efêmera que depende apenas da rotina do momento? Que sagacidade humana poderia, num arranjo tão heterogêneo, não se expor a tomar uns pelos outros esses elementos opostos? Como discernir as realidades pouco ruidosas no meio dos fantasmas que se agitam no palco? É claro que, numa tal desordem, o observador só poderia caminhar como um cego, se não fosse guiado pelo passado, único que pode lhe ensinar a dirigir seu olhar de modo a ver as coisas como são realmente.

A ordem cronológica das épocas não é a ordem filosófica. Em vez de dizer o passado, o presente e o futuro, deve-se dizer o passado, o futuro e o presente. Com efeito, só quando, pelo passado, se conceber o futuro, é que se pode retornar utilmente ao presente, que não passa de um ponto, de maneira a captar seu verdadeiro caráter.

Essas considerações, aplicáveis a qualquer época, com mais forte razão o são para a época atual. Hoje, três sistemas diferentes coexistem no seio da sociedade: o sistema teológico e feudal, o sistema científico e industrial, enfim, o sistema transitório e bastardo dos metafísicos e dos legistas. Está absolutamente acima das forças do espírito humano estabelecer, no meio dessa confusão, uma análise clara e exata, uma estatística real e precisa do corpo social, sem ser iluminado pela tocha do passado. Poder-se-ia demonstrar facilmente que excelentes espíritos, feitos por sua capacidade para se elevarem a uma política verdadeiramente positiva, se suas faculdades tivessem sido mais bem dirigidas, ficaram mergulhados na metafísica porque consideraram isoladamente o estado presente das coisas ou até mesmo somente por não terem recorrido suficientemente à série das observações.

Desse modo, o estudo, o estudo tão aprofundado e tão completo quanto possível, de todos os estados pelos quais a civilização passou desde sua origem até o presente; sua coordenação, seu encadeamento sucessivo, sua composição em fatos gerais próprios a tornar-se princípios, pondo em evidência as leis naturais do desenvolvimento da civilização, o quadro filosófico do futuro social, tal como deriva do passado, isto é, a determinação do plano geral de reorganização destinado à época atual; enfim, a aplicação desses resultados ao estado presente das coisas, de maneira a determinar a direção que deve ser conferida à ação política para facilitar a transição definitiva para o novo estado social. Esse é o conjunto dos trabalhos próprios a estabelecer para a política uma teoria positiva que possa responder às necessidades imensas e urgentes da sociedade.

Essa é a primeira série de pesquisas teóricas que ouso propor às forças combinadas dos sábios europeus.

Se todas as considerações expostas até aqui foram suficientes para indicar o espírito da política positiva, sua comparação com a política teológica e metafísica pode adquirir maior precisão.

Ao compará-las, em primeiro lugar, sob o ponto de vista mais importante, com relação às necessidades atuais da sociedade, explica-se facilmente a superioridade da política positiva. Essa superioridade resulta de que ela *descobre* o que outros *inventam*. A política teológica e a política metafísica imaginam o sistema que convém ao estado presente da civilização, de acordo com a condição absoluta de que ele seja o melhor possível. A política positiva o determina pela observação, unicamente como devendo ser aquele que a marcha da civilização tende a produzir. Segundo essa maneira diferente de proceder, seria igualmente impossível que tanto a política de imaginação encontrasse a verdadeira reorganização social como a política de observação não a encontrasse. Uma envida os maiores esforços para inventar o remédio, sem considerar a doença. A outra, persuadida de que a principal causa de cura é a força vital do doente, limita-se a prever, pela observação, a saída natural da crise, a fim de facilitá-la pelo afastamento dos obstáculos suscitados pelo empirismo.

Em segundo lugar, só a política científica pode apresentar aos homens uma teoria sobre a qual seja possível entender-se, o que, em certo sentido, é a condição mais importante.

A política teológica e a política metafísica, procurando o melhor governo possível, se arrastam em discussões intermináveis, pois essa questão não é passível de julgamento. O regime político deve ser, e é necessariamente, aquele que melhor convém ao estado da civilização; o melhor, para cada época, é aquele que se conforma com ela da melhor maneira. Não há, portanto, e não poderia haver regime político absolutamente preferível a todos os outros; há somente estados de civilização mais aperfeiçoados do que outros. As instituições que eram boas numa época podem ser e são mesmo, na maioria das vezes, más para outra, e reciprocamente. Assim, por exemplo, a escravidão, considerada hoje uma monstruosidade, era certamente, em sua origem, uma bela instituição, porquanto tinha por finalidade impedir que o forte degolasse o fraco; foi um estado intermediário inevitável no desenvolvimento geral da civilização. De igual modo, mas em sentido inverso, a liberdade que, numa proporção razoável, é tão útil a um indivíduo e a um povo que atingiram certo grau de instrução e contraído alguns hábitos de previdência, porque ela permite o desenvolvimento de suas faculdades, é muito nociva para aqueles que ainda não preencheram essas duas condições e que necessitam indispensavelmente, para si mesmos como para os outros, ser mantidos sob tutela. É evidente, portanto, que não haveria como chegar a um entendimento sobre a questão absoluta do melhor governo possível. Para restabelecer a harmonia, não haveria outro expediente senão o de proscrever inteiramente o exame do plano concordado, como o fez a política teológica, mais consequente do que a política metafísica, porque, tendo durado, teve de preencher as condições da duração. Sabe-se que a metafísica, ao conferir, em semelhante percurso, uma livre expressão à imaginação, chegou até a pôr em dúvida, e mesmo a negar formalmente, a utilidade do estado social para a felicidade do homem, o que torna evidente a impossibilidade de entender-se em semelhantes questões.

Na política científica, ao contrário, uma vez que a finalidade prática é a de determinar o sistema que a marcha da civilização, como o passado a mostra, tende a produzir hoje, a questão é de todo positiva e inteiramente passível de julgamento pela observação. O exame mais livre pode e deve ser concedido, sem que se tenha a temer as divagações. Ao final de certo tempo, todos os espíritos competentes e, por conseguinte, todos os outros devem chegar a entender-se no tocante às leis naturais da marcha da civilização e com relação ao sistema que disso resulta, quaisquer que pudessem ter sido de início suas opiniões especulativas, como ocorreu que houve concordância finalmente a respeito das leis do sistema solar, a respeito daquelas da organização humana etc.

Enfim, a política positiva é a única via pela qual a espécie humana pode sair daquilo que é arbitrário, no qual permanecerá mergulhada enquanto perdurar o domínio da política teocrática e da política metafísica.

O absoluto na teoria conduz necessariamente ao arbitrário na prática. Enquanto a espécie humana for considerada como destituída de impulso próprio e obrigada a recebê-lo do legislador, o arbitrário existe forçosamente no mais alto grau e sob o aspecto mais essencial, não obstante as mais eloquentes declamações. É a natureza das coisas que assim o quer. A espécie humana, sendo deixada desse modo à discrição do legislador que determina para ela o melhor governo possível, o arbitrário pode muito bem ser restringido nos detalhes, mas não poderia evidentemente ser erradicado do conjunto. Que o legislador supremo seja único ou múltiplo, hereditário ou eleito, nada muda nesse aspecto. A sociedade inteira poderia até tomar a função do legislador, se fosse possível, mas tudo continuaria na mesma. Entretanto, se o arbitrário fosse exercido por toda a sociedade sobre si própria, os inconvenientes se tornariam maiores do que nunca.

Pelo contrário, a política científica exclui radicalmente o arbitrário porque faz desaparecer o absoluto e o vago que o geraram e que o mantêm. Nessa política, a espécie humana é considerada como sujeita a uma lei geral de desenvolvimento que é suscetível de ser determinada pela observação e que prescreve, para cada época, da maneira menos equívoca, a ação política que pode ser exercida. O arbitrário cessa, pois, necessariamente. O governo das coisas substitui aquele dos homens. É então que há verdadeiramente *lei*, na política, no sentido real e filosófico, ligado a essa expressão pelo ilustre Montesquieu. Qualquer que seja a forma do governo, em seus pormenores, o arbitrário não pode reaparecer, pelo menos quanto ao fundo. Tudo é fixado, na política, segundo uma lei verdadeiramente soberana, reconhecida como superior a todas as forças humanas, porquanto deriva, em última análise, da natureza de nossa organização, sobre a qual não se poderia exercer nenhuma ação. Numa palavra, essa lei exclui, com a mesma eficácia, o arbitrário teológico, ou o direito divino dos reis, bem como o arbitrário metafísico, ou a soberania do povo.

Se alguns espíritos pudessem ver, no império supremo de tal lei, subsistindo uma variante do arbitrário, dever-se-ia levá-los a lamentar-se também do despotismo inflexível exercido sobre toda a natureza pela lei da gravidade e do despotismo não menos real, mas bem mais análogo, como mais modificável, exercido pelas leis da organização humana, das quais aquela da civilização não é senão o resultado.

O que precede conduz naturalmente a determinar com exatidão os domínios respectivos da observação e da imaginação na política. Essa determinação acabará por delinear o espírito geral da nova política.

Cumpre, a esse efeito, distinguir duas ordens de trabalhos: uns, que compõem propriamente a ciência política, são relativos à formação do sistema que convém à época atual; os outros se referem à sua propagação.

Nos primeiros, é claro que a imaginação não deve representar um papel absolutamente subalterno, sempre às ordens da observação, como nas outras ciências. Quanto ao estudo do passado, a imaginação pode e deve ser empregada para inventar meios provisórios de ligar os fatos, até que as ligações definitivas resultem diretamente dos próprios fatos, o que deve ter sempre em vista. Esse emprego da imaginação deve incidir somente sobre fatos secundários, caso contrário seria evidentemente vicioso. Em segundo lugar, a determinação do sistema, segundo o qual a sociedade é hoje convidada a reorganizar-se, deve concluir-se quase em sua totalidade pela observação do passado. Esse estudo determinará não somente o conjunto desse sistema, mas também as partes mais importantes, até um grau de precisão que verossimilmente causará espanto aos sábios, quando puserem mãos à obra. Entretanto, é certo que a precisão obtida por esse método não poderá descer inteiramente até o ponto em que o sistema pudesse ser entregue aos industriais, para que eles o ponham em atividade por meio de suas combinações práticas, segundo o plano indicado no capítulo precedente. Desse modo, sob esse segundo aspecto, a imaginação deverá ainda exercer, na política científica, uma função secundária e que haverá de consistir em levar até o grau de precisão necessária o esboço do novo sistema, cuja observação terá determinado o plano geral e os traços característicos.

Mas há outra espécie de trabalhos, igualmente indispensáveis ao sucesso definitivo do grande empreendimento de reorganização, embora subordinados aos precedentes, e nos quais a imaginação encontra seu amplo e inteiro exercício.

Na determinação do novo sistema, é necessário fazer abstração das vantagens ou dos inconvenientes desse sistema. A questão principal, a questão única, deve ser: Qual é, segundo a observação do passado, o sistema social destinado a se estabelecer hoje pela marcha da civilização? Seria embaralhar tudo e até mesmo faltar ao propósito ocupar-se, de uma maneira importante, com a bondade do sistema. Dever-se-á limitar-se a conceber, em tese geral, que a ideia positiva de bondade e aquela de conformidade com o estado da civilização, confundindo-se em sua origem, tem-se certeza de possuir hoje o melhor sistema praticável, ao procurar qual é o mais conforme com o estado da civilização. Uma vez que a ideia de bondade não é positiva por si mesma e uma vez que só se tornará positiva por sua relação com a segunda, é portanto a esta que convém unicamente apegar-se como objetivo direto das pesquisas, sem o que a política não se tornaria positiva. A indicação das vantagens do novo sistema, de sua prosperidade sobre os precedentes sob esse aspecto, não deve ser senão uma coisa totalmente secundária, sem influência alguma sobre o direcionamento dos trabalhos.

É incontestável que, por uma maneira de proceder como essa, ter-se-á certeza de fundar uma política verdadeiramente positiva e verdadeiramente em harmonia com as grandes necessidades da sociedade. Mas, se é num espírito como esse que o novo sistema deve ser determinado, é claro que não é sob essa forma que deve ser apresentado à sociedade para conseguir sua adoção definitiva, porque essa forma está muito longe de ser a mais própria para provocar essa adesão.

Para que um novo sistema social se estabeleça, não basta que ele tenha sido convenientemente concebido; é necessário ainda que a massa da sociedade fique ansiosa por constituí-lo. Esta condição não é somente indispensável para vencer as resistências mais ou menos fortes que esse sistema deve encontrar nas classes em decadência. Ela o é, sobretudo, para satisfazer essa necessidade moral de exaltação inerente ao homem, quando entra numa nova carreira; sem essa exaltação, não poderia vencer sua inércia natural nem sacudir o jugo tão poderoso dos velhos hábitos, o que, no entanto, é necessário para deixar a todas as suas faculdades, em seu novo emprego, um livre e pleno desenvolvimento. Uma vez que uma necessidade como essa se mostra sempre nos casos menos complicados, seria contraditório que não tivesse lugar nas mudanças mais completas e mais importantes, naquelas que devem modificar mais profundamente a existência humana. Por isso, toda a história depõe a favor dessa verdade.

Posto isso, é claro que a maneira pela qual o novo sistema

poderá e deverá ser conhecido e apresentado pela política científica não é de modo algum e diretamente própria para satisfazer essa condição indispensável.

A massa dos homens nunca se afeiçoará por um sistema qualquer, provando-lhe que é aquele cujo estabelecimento foi preparado pela marcha da civilização, desde sua origem, e que ela hoje convida para dirigir a sociedade. Uma verdade como essa está ao alcance de um número muito reduzido de espíritos e até mesmo exige da parte deles uma sequência demasiado longa de operações intelectuais, para que possa provocar alguma afeição por ela. Entretanto, poderá produzir, nos sábios, essa convicção profunda e tenaz, resultado necessário das demonstrações positivas, e que oferece mais resistência, mas por isso mesmo menos atividade, do que a persuasão viva e envolvente produzida pelas ideias que movem as paixões.

O único meio de obter esse último efeito consiste em apresentar aos homens o quadro animado dos melhoramentos que o novo sistema deve trazer à condição humana, considerado sob todos os pontos de vista diferentes, e a abstração feita de sua necessidade e de sua oportunidade. Somente essa perspectiva pode determinar os homens a fazer em si próprios a revolução moral necessária para que o novo sistema possa ser estabelecido. Somente ela pode reprimir o egoísmo, tornado predominante pela dissolução do antigo sistema, e que, logo que as ideias tiverem sido esclarecidas pelos trabalhos científicos, será o único grande obstáculo do triunfo do novo. Só ela, enfim, pode tirar a sociedade da apatia e imprimir-lhe, em conjunto, essa atividade que deve tornar-se permanente num estado social que deverá contar com todas as faculdades do homem em ação contínua.

Aí está, portanto, uma ordem de trabalhos na qual a imaginação deve representar um papel preponderante. Sua ação não poderia ter qualquer inconveniente, porque deverá ser exercida na direção estabelecida pelos trabalhos científicos e também porque deverá propor-se por objetivo, não a invenção do sistema a constituir, mas a adoção daquele que terá sido determinado pela política positiva. Lançada desse modo, a imaginação deve ser entregue inteiramente a si própria. Quanto mais seu modo de proceder for livre e franco, tanto mais será completa e salutar a ação indispensável que deve exercer.

Essa é a parte especial reservada às belas-artes no empreendimento geral da reorganização social. Desse modo, deverão concorrer para esse vasto empreendimento todas as forças positivas; aquela dos sábios, para determinar o plano do novo sistema; aquela dos artistas, para provocar a adoção universal desse plano; aquela dos industriais, para pôr o sistema em atividade imediata, por meio do estabelecimento das instituições práticas necessárias. Essas três grandes forças deverão combinar-se entre si para constituir o novo sistema, como o farão, logo que estiver formado, para sua aplicação diária.

Assim, em última análise, a política positiva investe a observação da supremacia conferida à imaginação pela política conjetural na determinação do sistema social conveniente para a época atual. Mas, ao mesmo tempo, ela confia à imaginação um novo papel, muito superior hoje àquele que ela teve na política teológica e metafísica, na qual, embora soberana, definhou, desde que a espécie humana se aproximou do estado positivo, num círculo de ideias desgastadas e de quadros monótonos.

Após ter delineado o espírito geral da política positiva, é útil lançar um rápido olhar nas principais tentativas feitas até esse momento com a finalidade de elevar a política à categoria das ciências de observação. Disso resultará a dupla vantagem de constatar, pelo fato, a maturidade de um empreendimento e também de esclarecer melhor o espírito da nova política, ao apresentá-lo sob vários pontos de vista distintos daqueles que foram anteriormente indicados.

É a Montesquieu que deve ser referido o primeiro esforço direto para tratar a política como uma ciência de fatos, e não de dogmas. Esse é, evidentemente, o verdadeiro objetivo de *L'Esprit des Lois* (*O Espírito das Leis*), aos olhos de qualquer um que tenha compreendido essa obra. O admirável começo no qual a ideia de *lei* é apresentada, pela primeira vez, de uma maneira verdadeiramente filosófica, só ele bastaria para constatar esse objetivo. É claro que Montesquieu se propôs essencialmente a reunir, quanto possível, sob certo número de títulos principais, todos os fatos políticos de que tinha conhecimento, além de pôr em evidência as leis de seu encadeamento.

Se se tratasse aqui de apreciar o mérito de tal trabalho, seria necessário julgá-lo segundo a época de sua execução. Ver-se-ia então que constata, da maneira mais formal, a superioridade filosófica de Montesquieu sobre todos os seus contemporâneos. Ter-se tornado independente do juízo crítico, na época em que ele exercia, até sobre as cabeças mais brilhantes, o império mais despótico; ter sentido profundamente o vazio da política metafísica e absoluta; ter experimentado a necessidade de sair dela no momento em que tomava, nas mãos de Rousseau, sua forma definitiva, são provas decisivas dessa superioridade.

Mas, apesar da capacidade de primeira ordem de que Montesquieu deu prova e que será sempre mais apreciada, é evidente que seus trabalhos estão bem longe de ter elevado a política à categoria das ciências positivas. Não satisfizeram de forma alguma as condições fundamentais indispensáveis para que esse objetivo possa ser atingido, condições já expostas anteriormente.

Montesquieu não percebeu o grande fato geral que domina todos os fenômenos políticos, dos quais é o verdadeiro regulador, o desenvolvimento natural da civilização. Disso resultou que suas pesquisas não poderiam ser empregadas na formação da política positiva, de outra forma que materiais, como coleta de observações e apanhados. De fato, as ideias gerais que lhe serviram para ligar os fatos não são positivas.

Apesar dos esforços evidentes de Montesquieu para se libertar da metafísica, não pôde chegar a isso, e é dela, incontestavelmente, que ele deduziu sua concepção principal. Essa concepção tem o duplo defeito de ser dogmática em vez de ser histórica, isto é, de não ter prestado atenção à sucessão necessária dos diversos estados políticos; e, em segundo lugar, dar uma importância exagerada a um fato secundário, a forma de governo. Por isso, o papel preponderante que Montesquieu conferiu a essa ideia foi puramente de imaginação e em contradição com o conjunto das observações mais conhecidas. Numa palavra, os fatos políticos não foram verdadeiramente *ligados* por Montesquieu, como devem ser em toda a ciência positiva. Não foram mais do que *aproximados*, segundo pontos de vista hipotéticos, contrários, na maioria das vezes, a suas relações reais.

A única parte importante dos trabalhos teóricos de Montesquieu que está verdadeiramente numa direção positiva é aquela que tem por objeto determinar a influência política das circunstâncias físicas locais, agindo de um modo contínuo, e cujo conjunto pode ser designado sob o nome de clima. Mas é fácil ver que, mesmo sob esse aspecto, as ideias produzidas por Montesquieu não podem ser empregadas senão após terem sido totalmente refundidas, em consequência do vício geral que caracteriza sua maneira de proceder.

Com efeito, é realmente reconhecido hoje por todos os observadores que Montesquieu exagerou, sob diversos aspectos, a influência dos climas. Isso é inevitável.

Sem dúvida, o clima exerce uma ação muito real e muito importante a ressaltar sobre os fenômenos políticos. Mas essa ação é apenas indireta e secundária. Limita-se a acelerar ou a retardar, até certo ponto, a marcha natural da civilização que não pode de maneira nenhuma ser desnaturada por essas modificações. Essa marcha permanece efetivamente a mesma, no fundo, em todos os climas, menos na velocidade, porque obedece a leis mais gerais, aquelas da organização humana, que são essencialmente uniformes nas diversas localidades. Uma vez que, portanto, a influência do clima sobre os fenômenos políticos não é senão modificadora com relação à marcha natural da civilização, que conserva seu caráter de lei suprema, é claro que essa influência não poderia ser estudada com fruto e convenientemente apreciada senão após a determinação dessa lei. Se, no entanto, se quisesse considerar a causa indireta e subordinada antes da causa direta e principal, tal infração à natureza do espírito humano teria como resultado inevitável dar uma ideia absolutamente falsa da influência da primeira, ao confundi-la com a influência da segunda. Foi o que aconteceu a Montesquieu.

A reflexão precedente sobre a influência do clima é, evidentemente, aplicável àquela de todas as outras causas quaisquer que podem modificar a marcha da civilização em sua velocidade, sem alterá-la essencialmente. Essa influência não poderá ser determinada com exatidão senão quando as leis naturais da civilização tiverem sido estabelecidas, fazendo a respeito, em primeiro lugar, abstração de todas essas modificações. Os astrônomos começaram por estudar as leis dos movimentos planetários, abstração feita das perturbações. Quando essas leis foram descobertas, as modificações puderam ser determinadas e até mesmo coligadas ao princípio que não havia sido estabelecido de início a não ser quanto ao movimento principal. Se se tivesse pretendido, desde a origem, levar em conta essas irregularidades, é claro que nenhuma teoria exata jamais teria podido ser formada. Ocorre absolutamente a mesma coisa no caso presente.

A insuficiência da política de Montesquieu verifica-se claramente em suas aplicações às necessidades da sociedade.

A necessidade de uma reorganização social nos países mais civilizados era tão real na época de Montesquieu como o é em nossos dias. De fato, o sistema feudal e teológico já estava destruído em suas bases fundamentais. Os acontecimentos que ocorreram depois só fizeram tornar essa necessidade mais sensível e mais urgente, completando a destruição do antigo sistema. Entretanto, Montesquieu não atribuiu como objetivo prático a seus trabalhos a concepção de um novo sistema social. Como ele não havia ligado os fatos políticos segundo uma teoria própria a pôr em evidência a necessidade de um sistema novo no estágio que a sociedade havia atingido e, ao mesmo tempo, a determinar o caráter geral desse sistema, teve de se limitar, e realmente se limitou, no tocante à prática, a indicar melhoramentos de detalhes, conforme à experiência, e que não passavam de simples modificações, mais ou menos importantes, do sistema teológico e feudal.

Sem dúvida, Montesquieu mostrou com isso uma sábia moderação, encerrando suas ideias práticas nos limites que os fatos lhe impunham, da maneira imperfeita como os havia estudado, quando lhe teria sido tão fácil, ao contrário, inventar utopias. Mas constatou ao mesmo tempo, de maneira decisiva, a insuficiência de uma teoria que não era suscetível de corresponder às exigências mais essenciais da prática.

Assim, em resumo, Montesquieu sentiu a necessidade de tratar a política a exemplo das ciências de observação; mas não conseguiu conceber o trabalho geral que essa característica lhe deve imprimir. Suas pesquisas não chegaram a ter importância mais destacada. Facilitaram ao espírito humano os meios de combinar as ideias políticas, apresentando-lhe uma grande massa de fatos ligados segundo uma teoria que, ainda muito afastada do estado positivo, estava no entanto muito mais próxima dele do que todas aquelas precedentemente produzidas.

A concepção geral do trabalho próprio a elevar a política à categoria das ciências de observação foi descoberta por Condorcet. Ele foi o primeiro a ver nitidamente que a civilização está sujeita a uma marcha progressiva, na qual todos os passos são rigorosamente concatenados uns aos outros, segundo leis naturais, marcha que pode desvendar a observação filosófica, e leis que determinam, para cada época, de uma maneira inteiramente positiva, os aperfeiçoamentos que o estado social é chamado a experimentar, seja em suas partes, seja em seu conjunto. Não foi somente Condorcet que com isso concebeu o meio de conferir à política uma verdadeira teoria positiva; mas tentou também estabelecer essa teoria ao elaborar a obra intitulada *Esquisse d'un tableau historique des progrès de l'esprit humain* (*Esboço de um quadro histórico dos progressos do espírito humano*), cujo título somente e a introdução bastariam para assegurar a seu autor a honra eterna de ter criado essa grande ideia filosófica.

Se essa descoberta capital permaneceu até agora absolutamente estéril, se não fez ainda quase nenhuma sensação, se ninguém trilhou a linha indicada por Condorcet, se, numa palavra, a política não se tornou positiva, deve-se atribuir isso, em grande parte, ao fato de que o esboço elaborado por Condorcet foi executado num espírito absolutamente contrário ao objetivo do trabalho. Ele ignorou inteiramente as condições mais essenciais, de modo que a obra deverá ser refundida totalmente. É isso que importa estabelecer.

Em primeiro lugar, a distribuição das épocas é, num trabalho dessa natureza, a parte mais importante do plano ou, para dizer melhor, constitui por si só o próprio plano, considerado em sua maior generalidade, porque ela fixa o modo principal de coordenação dos fatos observados. Ora, a distribuição adotada por Condorcet é absolutamente viciosa, pelo fato que não satisfaz sequer à mais palpável das condições, a de apresentar uma série homogênea. Vê-se que Condorcet sequer sentiu a importância de uma disposição filosófica das épocas da civilização. Não viu que essa disposição deve ser, em si própria, o objeto de um primeiro trabalho geral, o mais difícil entre aqueles aos quais a formação da política positiva deve dar lugar. Julgou poder coordenar convenientemente os fatos tomando quase ao acaso, como origem para cada época, um acontecimento notável, ora industrial, ora científico, ora político. Ao proceder dessa forma, não saía do círculo dos historiadores literatos. Era impossível para ele formar uma verdadeira teoria, ou seja, estabelecer entre os fatos uma concatenação real, porquanto aqueles que deviam servir para ligar todos os outros já se encontravam isolados entre si.

Foi com os naturalistas, de todos os sábios sendo aqueles que formaram as classificações mais extensas e mais difíceis, que o método geral das classificações fez seus maiores progressos. O princípio fundamental desse método é estabelecido desde que existem, em botânica e em zoologia, classificações filosóficas, isto é, baseadas sobre relações reais, e não sobre aproximações fictícias. O método consiste em que a ordem de generalidade dos diferentes graus de divisão seja, tanto quanto possível, exatamente conforme com a ordem das relações observadas entre os fenômenos a classificar. Dessa maneira, a hierarquia das famílias, dos gêneros etc. não é mais do que o enunciado de uma série coordenada de fatos gerais, repartidos em diferentes ordens de sequências, cada vez mais particulares. Numa palavra, a classificação não é mais do que a expressão filosófica da ciência, da qual segue seus progressos. Conhecer a classificação é conhecer a ciência, pelo menos em sua parte mais importante.

Esse princípio é aplicável a uma ciência qualquer. Assim,

como a ciência política se constitui na época em que ele foi descoberto, aplicado e solidamente verificado, ela deve aproveitar essa ideia filosófica encontrada por outras ciências, tomando-a por guia em sua distribuição das diversas idades da civilização. Os motivos para dispor, na história geral da espécie humana, as diferentes épocas de civilização, segundo suas relações naturais, são absolutamente semelhantes àqueles dos naturalistas para classificar segundo a mesma lei as organizações animais e vegetais. Entretanto, eles têm ainda mais força do que os historiadores.

Com efeito, se uma boa coordenação dos fatos é muito importante em qualquer ciência, é tudo na ciência política que, sem essa condição, falhará inteiramente em seu objetivo prático. Esse objetivo é, como se sabe, determinar, pela observação do passado, o sistema social que a marcha da civilização tende a produzir hoje. Ora, essa determinação não pode resultar senão de uma boa coordenação dos estados anteriores que faça realçar a lei dessa marcha. É claro, de acordo com isso, que os fatos políticos, por mais importantes que possam ser, só têm valor prático real por sua coordenação, enquanto, nas outras ciências, o conhecimento dos fatos tem por si mesmo, na maior parte das vezes, uma primeira utilidade, independentemente do modo de sua concatenação.

Assim, as diversas épocas da civilização, em vez de serem distribuídas sem ordem, de acordo com acontecimentos mais ou menos importantes, como fez Condorcet, devem ser dispostas segundo o princípio filosófico já reconhecido por todos os sábios, como o que deve presidir a quaisquer classificações. A divisão principal das épocas deve apresentar o apanhado mais geral da história da civilização. As divisões secundárias, a qualquer grau que se julgue conveniente elevá-las, devem oferecer sucessivamente apanhados cada vez mais precisos dessa mesma história. Numa palavra, o quadro das épocas deve ser traçado de maneira a oferecer, por si só, a expressão resumida do conjunto do trabalho. Sem isso, não se teria feito senão um trabalho puramente provisório, tendo somente o valor do material coletado, ainda que executado com toda perfeição.

Seria dizer muito que uma tal divisão não pudesse ser inventada e que, mesmo em seu mais alto grau de generalidade, não pode resultar senão de um primeiro esboço do quadro, de um primeiro olhar sobre a história geral da civilização. Sem dúvida, por mais importante, por mais indispensável que seja essa maneira de proceder para a formação da política positiva, seria impraticável e seria necessário resignar-se a fazer em primeiro lugar apenas um trabalho simplesmente provisório, se esse trabalho não se encontrasse já suficientemente preparado. Mas as histórias que foram escritas até esses dias e sobretudo aquelas que foram produzidas desde há cerca de meio século, embora muito longe de terem sido concebidas no espírito conveniente, apresentam aproximadamente o equivalente dessa coleção preliminar de materiais. Pode-se, portanto, passar a ocupar-se diretamente de uma coordenação definitiva.

Apresentei no capítulo precedente, mas somente sob o aspecto espiritual, um apanhado geral que me parece satisfazer as condições expostas anteriormente para a divisão principal do passado. É o resultado de um primeiro estudo filosófico sobre o conjunto da história da civilização.

Creio que essa história pode ser dividida em três grandes épocas, ou estados de civilização, com característica perfeitamente distinta, com relação aos aspectos temporal e espiritual. Elas abrangem a civilização considerada ao mesmo tempo em seus elementos e em seu conjunto, o que é evidentemente, de acordo com o exposto anteriormente, uma condição indispensável.

A primeira é a época teológica e militar.

Nesse estágio da sociedade, todas as ideias teóricas, tanto gerais como particulares, são de uma ordem puramente sobrenatural. A imaginação domina franca e completamente sobre a observação, à qual é interdito todo direito de livre exame.

De igual modo, todas as relações sociais, quer gerais, quer particulares, são franca e completamente militares. A sociedade tem por objetivo de atividade, única e permanente, a conquista. Não há indústria fora daquela que é indispensável para a existência da espécie humana. A escravidão pura e simples dos produtores é a principal instituição.

Esse é o primeiro grande sistema social produzido pela marcha natural da civilização. Passou a existir em seus elementos a partir da primeira formação das sociedades regulares e permanentes. Só se estabeleceu completamente em seu conjunto após uma longa sequência de gerações.

A segunda época é a época metafísica e legista. Sua característica geral é a de não ter nenhuma bem delimitada. É intermediária e bastarda, opera uma transição.

Sob o aspecto espiritual, já foi caracterizada no capítulo precedente. A observação é sempre dominada pela imaginação, mas é admitida para modificá-la, dentro de certos limites. Esses limites passam a ser restringidos sucessivamente, até que a observação conquiste enfim o direito de exame sobre todos os pontos. Ela o obtém primeiramente sobre todas as ideias teóricas particulares e, aos poucos, pelo uso que dele faz, acaba por adquiri-lo também sobre as ideias teóricas gerais, o que constitui o termo natural da transição. Esse tempo é o período da crítica e da argumentação.

Sob o aspecto temporal, a indústria adquiriu maior extensão, sem ser ainda predominante. Em decorrência, a sociedade não é mais francamente militar e não é ainda francamente industrial, seja em seus elementos, seja em seu conjunto. As relações sociais particulares são modificadas. A escravidão individual não é mais direta; o produtor, ainda escravo, começa a obter alguns direitos da parte do militar. A indústria realiza novos progressos que conduzem finalmente à abolição total da escravidão individual. Após essa libertação, os produtores permanecem ainda submetidos ao arbitrário coletivo. Entretanto, as relações sociais gerais começam logo a se modificar também. Os dois objetivos de atividade, a conquista e a produção, começam a defrontar-se. A indústria é primeiramente administrada e protegida como meio militar. Mais tarde, sua importância aumenta e a guerra acaba por ser concebida, por sua vez, sistematicamente, como meio de favorecer a indústria. Esse é o último estágio desse regime intermediário.

Enfim, a terceira época é a época científica e industrial. Todas as ideias teóricas particulares se tornaram positivas e as ideias gerais tendem a tornar-se também. A observação dominou a imaginação, quanto às primeiras, e a destronou, sem ter ainda tomado seu lugar hoje, quanto às segundas.

No aspecto temporal, a indústria se tornou preponderante. Todas as relações particulares se estabeleceram aos poucos sobre bases industriais. A sociedade, tomada coletivamente, tende a organizar-se da mesma maneira, conferindo-se a si mesma como objetivo de atividade, único e permanente, a produção.

Numa palavra, essa última época já se escoou, quanto aos elementos, e está pronta para começar, quanto ao conjunto. Seu ponto de partida direto data da introdução das ciências positivas na Europa pelos árabes e da libertação das comunas, ou seja, data mais ou menos do século XI.

Para evitar toda obscuridade na aplicação desse apanhado geral, torna-se necessário jamais perder de vista que a civilização teve de marchar com os elementos espirituais e temporais do estado social, antes de marchar com seu conjunto. Em decorrência, as três grandes épocas sucessivas começaram necessariamente mais cedo para os elementos do que para o conjunto, o que poderia ocasionar alguma confusão, se não tomasse conhecimento, antes de tudo, dessa diferença inevitável.

Essas são, pois, as características principais das três épocas em que pode ser dividida toda a história da civilização, desde o tempo em que o estado social começou a tomar verdadeira consistência até o presente. Ouso propor aos sábios essa primeira divisão do passado, porque me parece que ela preenche as grandes condições de uma boa classificação do conjunto dos fatos políticos.

Se ela for adotada, será necessário encontrar pelo menos uma subdivisão, para que seja possível executar convenientemente um primeiro esboço do grande quadro histórico. A divisão principal facilitará a descoberta das divisões que deverão suceder-lhe, fornecendo os meios de considerar os fenômenos de uma maneira geral e positiva ao mesmo tempo. É claro também que essas diversas subdivisões, segundo o princípio geral das classificações, deverão ser concebidas inteiramente no mesmo espírito da divisão principal e não apresentar mais do que um simples desenvolvimento.

Após ter examinado o trabalho de Condorcet quanto à distribuição das épocas, é necessário considerá-lo em relação ao espírito que presidiu sua execução.

Condorcet não viu que o primeiro efeito direto de um trabalho para a formação da política positiva deveria ser, necessariamente, fazer desaparecer irrevogavelmente a filosofia crítica do século XVIII, volvendo todas as forças dos pensadores para a reorganização da sociedade, finalidade prática de tal trabalho. Não pressentiu, por conseguinte, que a condição preliminar mais indispensável a satisfazer, para quem quisesse executar esse importante empreendimento, era a de eliminar, tanto quanto possível, preconceitos críticos introduzidos na maioria das cabeças por essa filosofia. Em vez disso, deixou-se dominar cegamente por esses preconceitos e condenou o passado em lugar de observá-lo; e, por conseguinte, sua obra não passou de uma longa e cansativa declamação, da qual não resulta realmente nenhuma instrução positiva.

A admiração e a desaprovação dos fenômenos devem ser banidas com igual severidade de toda ciência positiva, porque cada preocupação desse gênero tem por efeito direto e inevitável impedir ou alterar o exame. Os astrônomos, os físicos, os químicos e os fisiólogos não elogiam nem recriminam seus respectivos fenômenos; eles os observam, embora esses fenômenos possam fornecer ampla matéria às considerações de um e de outro gênero, como houve muitos exemplos a respeito. Os sábios deixam com razão tais efeitos aos artistas, no domínio dos quais realmente caem muito bem.

Sob esse aspecto, deve ocorrer na política o mesmo que ocorre nas outras ciências. Entretanto, essa reserva é muito mais necessária na política, precisamente porque é mais difícil mantê-la e porque altera o exame mais profundamente, visto que, nessa ciência, os fenômenos tocam as paixões bem mais de perto do que em qualquer outra. Desse modo, sob esse único aspecto, o espírito crítico, ao qual Condorcet se deixou arrastar, é diretamente contrário àquele que deve reinar na política científica, até mesmo quando todas as recriminações que dirigir ao passado estiverem devidamente fundadas. Mas há mais.

Sem dúvida, segundo uma nota já exposta neste capítulo, as combinações práticas dos homens de Estado nem sempre foram concebidas de maneira conveniente e, muitas vezes, foram até dirigidas em sentido contrário ao da civilização. Tentando precisar essa observação, pode-se notar que ela se limita, em todos os casos, a que os homens de Estado procuraram prolongar, para além de seu termo natural, doutrinas e instituições que não estavam mais em harmonia com o estado da civilização; e, certamente, tal erro pareceria realmente desculpável, considerando que até hoje não houve nenhum meio positivo de reconhecê-lo. Mas transportar a sistemas inteiros de instituições e de ideias o que não é relacionado senão a fatos secundários; mostrar, por exemplo, como tendo sempre sido um obstáculo à civilização o sistema feudal e teológico, cujo estabelecimento foi, pelo contrário, o maior progresso provisório da sociedade, e sob a feliz influência do qual ela realizou tantas conquistas definitivas; representar, durante uma longa sequência de séculos, as classes que estavam colocadas à frente do movimento geral como ocupadas a tramar uma conspiração permanente contra a espécie humana: tal espírito, tão absurdo em seu princípio como revoltante em suas consequências, é um resultado insensato da filosofia do século passado, sob o império da qual é deplorável que um homem como Condorcet não tenha conseguido se subtrair.

Esse absurdo, surgido da impotência de perceber em todas as suas partes principais a concatenação natural dos progressos da civilização, torna-lhe evidentemente impossível a explicação. Por isso o trabalho de Condorcet apresenta uma contradição geral e contínua.

Por um lado, ele proclama abertamente que o estado da civilização no século XVIII é infinitamente superior, sob uma multidão de aspectos, ao que era a civilização na origem. Mas esse progresso total não poderia ser senão a soma dos progressos parciais feitos pela civilização em todos os estágios intermediários precedentes. Ora, por outro lado, ao examinar sucessivamente esses diversos estágios, Condorcet os apresenta, quase sempre, como tendo sido, nos aspectos mais essenciais, tempos de retrocesso. Há, portanto, um milagre perpétuo e a marcha progressiva da civilização se torna um efeito sem causa.

Um espírito absolutamente oposto deve dominar a verdadeira política positiva.

As instituições e as doutrinas devem ser consideradas como tendo sido, em todas as épocas, tão perfeitas como o comportava o estágio presente da civilização, o que não poderia ser de outra forma, pelo menos ao término de certo tempo, porquanto são necessariamente determinadas por ele. Além disso, em seu período de pleno vigor, elas sempre tiveram um caráter progressivo e em nenhum caso tiveram o caráter retrógrado, porquanto não poderiam resistir à marcha da civilização, da qual recebem todas as suas forças. Entretanto, porém, em suas épocas de decadência, tiveram geralmente o caráter estacionário, o que se explica por si, em parte pela repugnância à destruição, tão natural aos sistemas políticos como aos indivíduos, em parte pelo estágio de infância em que a política tem estado até agora.

Deve-se considerar da mesma maneira as paixões desenvolvidas nas diversas épocas pelas classes dirigentes. Nos tempos de sua virilidade, as forças sociais preponderantes são necessariamente generosas, porque já não têm mais o que adquirir e ainda não temem perder. É unicamente quando sua decadência se manifesta que elas se tornam egoístas, porque todos os seus esforços têm por objeto conservar um poder cujas bases estão destruídas.

Esses diversos aspectos estão evidentemente conforme com as leis da natureza humana, e só eles permitem explicar de maneira satisfatória os fenômenos políticos. Assim, em última análise, em lugar de ver no passado um tecido de monstruosidades, deve-se em tese geral ser levado a considerar a sociedade como tendo sido, na maioria das vezes, tão bem dirigida, sob todos os aspectos, quanto a natureza das coisas o permitia.

Se alguns fatos particulares parecem à primeira vista contradizer esse fato geral, é sempre mais filosófico procurar restabelecer a ligação do que ser levado a proclamar, à primeira vista, a realidade dessa oposição. De fato, isso significaria se afastar inteiramente de toda subordinação científica, pretendendo, bem entendido, que o fato mais importante e na maioria das vezes verificado ser regido por um fato secundário e menos frequente.

De resto, é evidente que convém evitar, quanto possível, todo exagero no uso dessa ideia geral, como de qualquer outra.

Poderá encontrar-se, sem dúvida, alguma semelhança entre o espírito da política positiva, considerado sob esse ponto de vista, e o famoso dogma teológico e metafísico do otimismo. A analogia, no fundo, é real. Mas há a diferença incomensurável de um fato geral observado a uma ideia hipotética e puramente de invenção. A distância é ainda muito mais sensível nas consequências.

O dogma teológico e metafísico, ao proclamar, de maneira absoluta, que tudo está tão bem como jamais o foi, tende a tornar a espécie humana estacionária, ao lhe tirar toda perspectiva de melhoramento real. A ideia positiva de que, por um tempo duradouro, a organização social é sempre tão perfeita quanto o comporta, em cada época, o estado da civilização, longe de deter o desejo de melhoramentos, não faz, pelo contrário, senão imprimir-lhe um impulso prático mais eficaz, dirigindo para sua verdadeira finalidade o aperfeiçoamento da civilização, aqueles esforços que teriam permanecido sem efeito se tivessem sido dirigidos imediatamente para a organização social. Por outro lado, como nessa ideia não há nada de místico ou de absoluto, ela empenha o homem a restabelecer a harmonia entre o regime político e o estado da civilização, no caso previsto em que essa relação necessária estiver momentaneamente rompida. Limita-se a esclarecer essa operação, advertindo para não tomar em tal ligação o efeito pela causa.

É útil observar quanto a essa analogia que não é a única vez que a filosofia positiva se apropria, por uma transformação conveniente, de uma ideia geral primitivamente inventada pela filosofia teológica e metafísica. As verdadeiras ideias gerais jamais perdem seu valor como meio de raciocínio, por mais vicioso que seja seu séquito. A marcha usual do espírito humano é de apropriar-se delas em seus diferentes estágios, transformando suas características. É o que se pode verificar em todas as revoluções que fizeram passar os diversos ramos de nossos conhecimentos ao estado positivo.

Assim, por exemplo, a doutrina mística da influência dos números, surgida na escola pitagórica, foi reduzida pelos geômetras a essa ideia simples e positiva: fenômenos pouco complicados são suscetíveis de ser reconduzidos a leis matemáticas. Do mesmo modo, a doutrina das causas finais foi convertida pelos fisiologistas no princípio das condições de existência. As duas ideias positivas diferem, sem dúvida, extremamente das duas ideias teológicas e metafísicas. Mas estas não deixam de ser menos os germes das primeiras. Uma operação filosófica bem dirigida bastou para conferir o caráter positivo a esses dois aspectos hipotéticos, produtos do gênio na infância da razão humana. Essa transformação, por outro lado, não alterou, e até mesmo aumentou, seu valor como meio de raciocínio.

As mesmas reflexões se aplicam exatamente às duas ideias políticas gerais, uma positiva, outra fictícia, que foram comparadas anteriormente.

Antes de deixar o exame do trabalho de Condorcet, convém deduzir dele um terceiro ponto de vista no qual pode ser apresentado o espírito da política positiva.

Condorcet foi muitas vezes recriminado por ter ousado terminar sua obra por um quadro do futuro. Essa concepção ousada é, pelo contrário, a única visão filosófica de elevada importância introduzida por Condorcet na execução de seu trabalho e ela deve ser conservada preciosamente na nova história da civilização, de que tal quadro é evidentemente a conclusão natural.

O que poderia, com razão, ser recriminado a Condorcet era, não de haver querido determinar o futuro, mas o de tê-lo mal determinado. Isso resultou em que seu estudo do passado era absolutamente viciado, pelos motivos anteriormente indicados. Coordenando mal o passado, Condorcet não poderia prever o futuro. Essa insuficiência da observação reduziu-o a compor o futuro essencialmente segundo sua imaginação e, por uma consequência necessária, o concebeu mal. Mas esse insucesso, cuja causa é visível, não prova que, com a ajuda de um passado bem coordenado, não se possa, com efeito, determinar com segurança o aspecto geral do futuro social.

Tal ideia não parece estranha senão porque não estamos ainda habituados a considerar a política como uma verdadeira ciência. De fato, se assim fosse considerado, a determinação do futuro pela observação filosófica do passado pareceria, ao contrário, uma ideia muito natural, com a qual todos os homens estão familiarizados com relação às outras classes de fenômenos.

Toda ciência tem por fim a previdência. De fato, o uso geral das leis estabelecidas segundo a observação dos fenômenos é de prever sua sucessão. Na realidade, todos os homens, por pouco instruídos que os julguemos, fazem verdadeiras previsões, sempre baseadas no mesmo princípio, o conhecimento do futuro pelo passado. Todos predizem, por exemplo, os efeitos gerais da atração terrestre e uma multidão de outros fenômenos bem simples e bastante frequentes, para que sua ordem de sucessão se torne sensível ao espectador menos capaz e menos atento. A faculdade de previdência, em cada indivíduo, tem por medida sua ciência. A previdência do astrônomo que prediz, com precisão perfeita, o estado do sistema solar, com expressivo número de anos de antecedência, é absolutamente da mesma natureza que aquela do selvagem que prediz o próximo surgimento do sol. A diferença depende apenas da extensão de seus conhecimentos.

Está, portanto, evidentemente em total conformidade com a natureza do espírito humano que a observação do passado possa desvendar o futuro, como ela fez na astronomia, na física, na química e na fisiologia.

Tal determinação deve até mesmo ser considerada como o objetivo direto da ciência política, a exemplo das outras ciências positivas. É claro, com efeito, que a fixação do sistema social para o qual a marcha da civilização convoca hoje a elite da espécie humana, fixação que constitui o verdadeiro objeto prático da política positiva, não é outra coisa que uma determinação geral do próximo futuro social, tal como resulta do passado.

Em resumo, Condorcet concebeu primeiro a verdadeira natureza do trabalho geral que deve elevar a política à categoria das ciências de observação; mas ele o executou num espírito absolutamente vicioso quanto aos aspectos mais essenciais. Não conseguiu atingir o objetivo de forma alguma, primeiramente com relação à teoria e, em decorrência, também quanto à prática. Desse modo, esse trabalho deve ser novamente concebido na totalidade, segundo pontos de vista verdadeiramente filosóficos, não considerando a tentativa de Condorcet senão como algo que assinalou o objetivo real da política científica.

A fim de completar o exame sumário dos esforços feitos até agora para elevar a política à categoria das ciências positivas, resta considerar duas outras tentativas que não estão, como as duas precedentes, na verdadeira linha dos progressos do espírito humano em política, mas que no entanto parece útil assinalar.

A necessidade de tornar positiva a ciência social é tão real hoje, esse grande empreendimento atingiu de tal modo sua maturidade, que muitos espíritos superiores tentaram alcançar esse fim ao tratar a política como uma aplicação das outras ciências já positivas, no domínio das quais imaginaram poder incluí-la. Como essas tentativas eram, por sua natureza, inexecutáveis, foram muito mais projetadas do que seguidas. Bastará, portanto, considerá-las do ponto de vista mais geral.

A primeira consistiu nos esforços feitos para aplicar à ciência social a análise matemática em geral e, especialmente, aquela de seus ramos que se relaciona com o cálculo das probabilidades. Essa direção foi aberta por Condorcet[6] e seguida principalmente por ele. Outros geômetras marcharam seguindo suas pegadas e compartilharam suas esperanças, sem acrescentar nada de verdadeiramente essencial a seus trabalhos, pelo menos sob o aspecto filosófico. Todos concordaram em considerar essa maneira de proceder como a única capaz de imprimir à política um caráter positivo.

---

[6] Tal projeto, segundo Condorcet, prova, em conformidade com o exame precedente, que ele estava longe de ter concebido, de maneira nítida, a importância capital da história da civilização, porquanto, se tivesse visto claramente na observação filosófica do passado o meio de tornar positiva a ciência social, não teria ido procurá-lo em outro local.

As considerações expostas neste capítulo me parecem estabelecer suficientemente que tal condição não é de modo algum necessária para que a política se torne uma ciência positiva. Mas há mais: essa maneira de considerar a ciência social é puramente quimérica e, por conseguinte, inteiramente viciosa, como é fácil de reconhecer.

Se se tratasse aqui de fazer um julgamento detalhado dos trabalhos executados desse gênero até agora, logo se constataria que realmente não acrescentaram nenhuma noção de alguma importância à massa das ideias adquiridas. Ver-se-ia, por exemplo, que os esforços dos geômetras para elevar o cálculo das probabilidades acima de suas aplicações naturais não conseguiram, em sua parte mais essencial e mais positiva, senão a apresentar, em relação à teoria da certeza, como termo de um longo e penoso trabalho algébrico, algumas proposições quase triviais, cuja correção é percebida logo ao primeiro golpe de vista com uma perfeita evidência para todo o homem de bom senso. Mas devemos limitar-nos a examinar o empreendimento em si e na sua maior generalidade.

Em primeiro lugar, as considerações pelas quais vários fisiologistas, sobretudo Bichat, demonstraram, em geral, a impossibilidade radical de fazer qualquer aplicação real e importante da análise matemática aos fenômenos dos corpos organizados se aplicam, de maneira direta e especial, aos fenômenos morais e políticos que não passam de um caso particular dos primeiros.

Essas considerações estão fundadas sobre o seguinte: que a mais indispensável condição preliminar para que fenômenos sejam suscetíveis de ser subordinados a leis matemáticas é a de que seus graus de quantidade sejam fixos. Ora, em todos os fenômenos fisiológicos, cada efeito, parcial ou total, está sujeito a imensas variações de quantidade, que se sucedem com a maior rapidez e de maneira inteiramente irregular, sob a influência de uma multidão de causas que não comportam qualquer estimativa precisa. Essa extrema variabilidade é uma das grandes características dos fenômenos próprios aos corpos organizados; ela constitui uma de suas diferenças mais marcantes com aquelas dos corpos brutos. Ela interdita evidentemente toda esperança de submetê-los alguma vez a cálculos verdadeiros, tais como, por exemplo, aqueles dos fenômenos astronômicos, os mais apropriados dentre todos para servir de tipo nas comparações desse gênero.

Isso posto, concebe-se facilmente que essa variabilidade perpétua de efeitos, dependendo da excessiva complicação das causas que concorrem para produzi-los, deve ser a maior possível para os fenômenos morais e políticos da espécie humana que formam a classe mais complicada dos fenômenos fisiológicos. Estes são, com efeito, dentre todos, aqueles cujos graus de quantidade apresentam as variações mais extensas, mais múltiplas e mais irregulares.

Sopesando convenientemente essas considerações, creio que não se hesitaria em afirmar, sem receio de deixar transparecer uma ideia demasiado fraca do alcance do espírito humano, que não somente no estado presente de nossos conhecimentos, mas até no mais elevado grau de aperfeiçoamento que sejam suscetíveis de atingir, toda grande aplicação do cálculo à ciência social é e será necessariamente impossível.

Em segundo lugar, mesmo supondo que essa esperança jamais pudesse se realizar, seria incontestável que, até mesmo para chegar a isso, a ciência política deve primeiramente ser estudada de maneira direta, isto é, ocupando-se unicamente em coordenar a série dos fenômenos políticos.

Com efeito, pela mais alta importância de que se revista a análise matemática, considerada em seus verdadeiros usos, não se deve perder de vista que ela não é senão uma ciência puramente instrumental ou de método. Por si própria nada ensina de real; ela só se torna uma fonte fecunda de descobertas positivas ao aplicá-la a fenômenos observados.

Na esfera dos fenômenos que comportam essa aplicação, ela não poderia jamais ter lugar imediatamente. Supõe sempre, na ciência correspondente, um grau preliminar de cultura e de aperfeiçoamento, cujo termo natural é o conhecimento de leis precisas desvendadas pela observação com relação à quantidade dos fenômenos. Logo que essas leis sejam descobertas, por mais imperfeitas que sejam, a análise matemática se torna aplicável. A partir disso, pelos poderosos meios de dedução que apresenta, ela permite reduzir essas leis a um número muito pequeno, muitas vezes a uma só lei, e nela englobar, da maneira mais precisa, uma multidão de fenômenos que antes não parecia que pudessem compreender. Numa palavra, ela estabelece na ciência uma coordenação perfeita que não poderia ser obtida no mesmo grau por qualquer outra via. Mas é evidente que toda aplicação da análise matemática, tentada antes que essa condição preliminar da descoberta de certas leis calculáveis tenha sido preenchida, seria absolutamente ilusória. Longe de poder tornar positivo qualquer ramo de nossos conhecimentos, ela não faria mais do que mergulhar novamente o estudo da natureza no domínio da metafísica, porque transportaria para as abstrações o papel exclusivo das observações.

Assim, por exemplo, concebe-se que a análise matemática tenha sido aplicada com grande sucesso na astronomia, quer geométrica, quer mecânica, à ótica, à acústica e recentemente à teoria do calor, depois que os progressos da observação conduziram essas diversas partes da física a estabelecer entre os fenômenos algumas leis precisas de quantidade, ao passo que, antes dessas descobertas, tal aplicação não teria nenhuma base real, nenhum ponto de partida positivo. De igual modo ainda, os químicos que acreditam fortemente hoje na possibilidade de vir a ser aplicada um dia, de modo tão amplo e ao mesmo tempo positivo, a análise matemática aos fenômenos químicos, nem por isso cessam de os estudar diretamente, convencidos como estão de que uma longa série de pesquisas, de observações e de experiências poderá desvendar as leis numéricas sobre as quais essa aplicação deve ser baseada para refletir uma realidade.

A condição indispensável que acaba de ser indicada é tão mais difícil de satisfazer, exige certo grau prévio de cultura e de aperfeiçoamento maior na ciência correspondente, quanto mais os fenômenos forem complicados. É assim que a astronomia se tornou, pelo menos em sua parte geométrica, um ramo da matemática aplicada, antes da ótica, como esta antes da acústica e como a teoria do calor em último lugar. É assim que a química está ainda hoje muito longe desse estado, se é que algum dia poderá chegar a ele.

Julgando, de acordo com esses princípios incontestáveis, a aplicação do cálculo aos fenômenos fisiológicos em geral e aos fenômenos sociais da espécie humana em particular, constata-se em primeiro lugar que, mesmo admitindo a possibilidade dessa aplicação, ela não dispensaria de forma alguma o estudo direto dos fenômenos, que prescreve, pelo contrário, como condição prévia. Além disso, se for considerada atentamente a natureza dessa condição, reconhecer-se-á que ela exige, na física dos corpos organizados em geral, e sobretudo na física social, um grau de aperfeiçoamento que, ainda que não fosse quimérico, não poderia evidentemente ser atingido senão após séculos de cultura. A descoberta de leis precisas e calculáveis na fisiologia representaria um grau de avanço muito superior àquele que os fisiologistas que concebem as mais amplas esperanças quanto aos destinos futuros dessa ciência. Na realidade, de acordo com os motivos indicados anteriormente, tal estado de perfeição deve ser considerado como absolutamente quimérico, incompatível com a natureza dos fenômenos e inteiramente desproporcional com o alcance verdadeiro do espírito humano.

As mesmas razões se aplicam evidentemente, e ainda com mais força, à ciência política, visto o maior grau de complicação de seus fenômenos. Imaginar que seria possível descobrir um dia algumas leis de quantidade entre os fenômenos dessa ciência seria supô-la aperfeiçoada a um grau tal que, mesmo antes de ter chegado a esse ponto, tudo o que ela tem de verdadeiramente interessante para encontrar já estaria completamente alcançado, numa proporção que ultrapassa em muito todos os desejos que se possa razoavelmente formar. Assim, a análise matemática só se tornaria aplicável na época em que sua aplicação já não pudesse ter nenhuma importância real.

Das considerações precedentes resulta que, de um lado, a natureza dos fenômenos políticos interdiz absolutamente toda esperança de jamais lhes aplicar a análise matemática e, de outro lado, que essa aplicação, supondo-a possível, não poderia de forma alguma servir para elevar a política à categoria das ciências positivas, porquanto ela exigiria, para ser praticável, que a ciência já estivesse feita.

Os geômetras não prestaram suficiente atenção até o presente na grande divisão fundamental de nossos conhecimentos positivos, em estudo dos corpos brutos e em estudo dos corpos organizados. Essa divisão, que o espírito humano deve aos fisiologistas, está hoje estabelecida sobre bases inabaláveis e se confirma cada vez mais conforme é mais meditada. Ela limita, de maneira precisa e irrevogável, as verdadeiras aplicações da matemática, em sua maior extensão possível. Pode-se estabelecer, em princípio, que jamais a análise matemática poderia estender seu domínio para além da física dos corpos brutos, cujos fenômenos são os únicos que oferecem o grau de simplicidade e, por conseguinte, de fixidez necessária para poderem ser subordinados a leis numéricas.

Se for considerado como tal, mesmo nas aplicações mais simples da análise matemática, sua marcha se torna confusa quando quer aproximar suficientemente o estado abstrato do estado concreto; sentir-se-á que a esfera de suas atribuições reais é muito mais exagerada do que limitada pelo princípio precedente.

O projeto de tratar a ciência social como uma aplicação da matemática, a fim de torná-la positiva, tem sua origem no preconceito metafísico, segundo o qual, fora da matemática, não pode haver verdadeira certeza. Esse preconceito era natural na época em que tudo quanto era positivo parecia ser do domínio da matemática aplicada e em que, por conseguinte, tudo o que ela abraçava era vago e conjectural. Mas, desde a formação de duas grandes ciências positivas, a química e a fisiologia sobretudo, nas quais a análise matemática não tem papel algum, e que nem por isso deixam de ser reconhecidas como tão certas como as outras, tal preconceito passaria a ser absolutamente inescusável.

Não é porque são aplicações da análise matemática que a astronomia, a ótica etc. são ciências positivas e exatas. Esse caráter provém delas próprias, resulta de que são fundadas sobre fatos observados e não poderiam resultar senão disso, pois a análise matemática isolada da observação da natureza não tem senão um caráter metafísico. Entretanto, é certo que, nas ciências às quais a matemática não é aplicável, deve-se muito menos perder de vista a estrita observação direta; as deduções não podem ser tão prolongadas com segurança, porque os meios de raciocínio são muito menos perfeitos. Isso posto, a certeza é igualmente completa, encerrando-se nos limites convenientes. Obtém-se, sem dúvida, uma coordenação menos boa, mas suficiente para as necessidades reais das aplicações da ciência.

A pesquisa quimérica de uma perfeição impossível não traria outro resultado que o de retardar necessariamente os progressos do espírito humano, consumindo em pura perda grandes forças intelectuais e desviando os esforços dos sábios de sua verdadeira direção de eficácia positiva. Esse é o juízo definitivo que creio poder afirmar acerca dos ensaios feitos ou a fazer para aplicar a análise matemática à física social.

Uma segunda tentativa, infinitamente menos viciosa em sua natureza do que a precedente, mas igualmente inexequível, é aquela que teve por objetivo tornar positiva a ciência social, levando-a a ser essencialmente uma simples consequência direta da fisiologia. Cabanis é o autor dessa concepção e foi seguida sobretudo por ele próprio. Ela constitui o verdadeiro objetivo de sua célebre obra sobre a *Relação do físico e do moral no homem* (*Rapport du physique et du moral de l'homme*), aos olhos de qualquer um que considerar a doutrina geral exposta nesse trabalho como essencialmente orgânica, e não como puramente crítica.

As considerações apresentadas neste capítulo sobre o espírito da política positiva provam, para esse ensaio como para o precedente, que havia sido mal concebido. Mas o que importa atualmente é indicar o vício dele com precisão.

O vício consiste em que tal modo de proceder anula a observação direta do passado social, que deve servir de base fundamental para a política positiva.

A superioridade do homem sobre os outros animais, não podendo ter e não tendo, com efeito, outra causa senão a perfeição relativa de sua organização, tudo o que fez a espécie humana e tudo o que pode fazer deve, evidentemente, ser considerado, em última análise, como uma consequência necessária de sua organização, modificada, em seus efeitos, pelo estado do exterior. Nesse sentido, a física social, isto é, o estudo do desenvolvimento coletivo da espécie humana, é realmente um ramo da fisiologia, ou seja, do estudo do homem, concebido em toda a sua extensão. Em outros termos, a história da civilização não é mais do que a consequência e o complemento indispensável da história natural do homem.

Mas, tanto importa bem conceber e nunca perder de vista essa incontestável filiação como seria mal entendido concluir disso que não se deve estabelecer divisão nítida entre a física social e a fisiologia propriamente dita.

Os fisiologistas, quando estudam a história natural de uma espécie animal dotada de sociabilidade, aquela dos castores, por exemplo, incluem nela com razão a história da ação coletiva exercida pela comunidade. Não julgam necessário estabelecer uma linha de demarcação entre o estudo dos fenômenos sociais da espécie e aquele dos fenômenos relativos ao indivíduo isolado. Tal defeito de precisão não tem, nesse caso, nenhum inconveniente real, embora as duas ordens de fenômenos sejam distintas. De fato, a civilização das espécies sociais mais inteligentes por se encontrar retida quase à sua origem, principalmente pela imperfeição de sua organização e secundariamente pela preponderância da espécie humana, o espírito não tem nenhuma dificuldade, num encadeamento tão pouco prolongado, em relacionar diretamente todos os fenômenos coletivos com os fenômenos individuais. Desse modo, o motivo geral que leva a estabelecer divisões para facilitar o estudo, a saber, a impossibilidade para a inteligência humana de seguir uma cadeia de deduções demasiado extensa, não existe no caso.

Ao supor, pelo contrário, que a espécie dos castores tenha se tornado mais inteligente, que sua civilização possa desenvolver-se livremente, de tal maneira que haja concatenação contínua de progresso de uma geração a outra, sentir-se-á logo a necessidade de tratar separadamente a história dos fenômenos sociais da espécie. Poder-se-á muito bem ainda, para as primeiras gerações, relacionar esse estudo àquele dos fenômenos do indivíduo, mas, à medida que for se afastando da origem, essa dedução se tornará cada vez mais difícil de ser estabelecida e, finalmente, haverá impossibilidade total de segui-la. É precisamente o que subsiste, no mais alto grau, com relação ao homem.

Sem dúvida, os fenômenos coletivos da espécie humana reconhecem por última causa, como seus fenômenos individuais, a natureza especial de sua organização. Mas o estado da civilização humana a cada geração não depende imediatamente senão daquele da geração precedente e não produz imediatamente senão aquele da seguinte. É possível seguir, com toda a precisão suficiente, esse encadeamento, a partir da origem, não ligando, de uma maneira direta, cada termo senão com o precedente e com o seguinte. Estaria, pelo contrário, absolutamente acima das forças de nosso espírito ligar um termo qualquer da série ao ponto de partida primitivo, isto é, suprimindo todas as relações intermediárias.

A temeridade de tal empresa, no estudo da espécie, poderia ser comparada, no estudo do indivíduo, àquela de um fisiologista que, por considerar que os diversos fenômenos das idades sucessivas são unicamente a consequência e o desenvolvimento necessário da organização primitiva, se esforçasse em deduzir a história de uma época qualquer da vida do estado do indivíduo a seu nascimento, determinado com grande precisão, e se julgasse por isso dispensado de examinar diretamente as diversas idades para conhecer com exatidão o desenvolvimento total. O erro seria ainda muito maior, em relação à espécie, do que o seria quanto ao indivíduo, uma vez que, no primeiro caso, os termos sucessivos a coordenar são ao mesmo tempo muito mais complicados e muito mais numerosos do que no segundo.

Obstinando-se a seguir essa marcha impraticável, além de que não se poderia de forma alguma estudar de maneira satisfatória a história da civilização, incorrer-se-ia inevitavelmente no perigo de cair em erros capitais. De fato, na impossibilidade absoluta de ligar diretamente os diversos estados de civilização ao ponto de partida primitivo e geral, estabelecido pela natureza especial do homem, acabar-se-ia logo induzido a fazer depender imediatamente de circunstâncias orgânicas secundárias o que é uma consequência afastada das leis fundamentais da organização.

É assim, por exemplo, que vários fisiologistas notáveis foram levados a conferir aos caracteres nacionais uma importância evidentemente exagerada na explicação dos fenômenos políticos. Atribuíram-lhes diferenças de povo para povo que não dizem respeito, em quase todos os casos, senão a épocas de civilização desiguais. Disso resultou o lamentável efeito de considerar como invariável o que não é certamente senão momentâneo. Tais desvios, de que facilmente se poderia multiplicar os exemplos e que todos derivam do mesmo vício primitivo na maneira de proceder, confirmam claramente a necessidade de separar o estudo dos fenômenos sociais daquele dos fenômenos fisiológicos comuns.

Os geômetras que ascenderam ao plano das ideias filosóficas concebem, em tese geral, todos os fenômenos do universo, tanto aqueles dos corpos organizados como aqueles dos corpos brutos, como dependentes de um pequeno número de leis comuns, imutáveis. Os fisiologistas observam a esse respeito, com justa razão, que, ainda que todas essas leis viessem a ser um dia perfeitamente conhecidas, a impossibilidade de deduzir de maneira contínua obrigaria a conservar, entre o estudo dos corpos vivos e aquele dos corpos inertes, a mesma divisão que hoje se baseia sobre a diversidade das leis. Um motivo exatamente semelhante aplica-se diretamente à divisão entre a física social e a fisiologia propriamente dita, ou seja, entre a fisiologia da espécie e aquela do indivíduo. A distância é, sem dúvida, muito menor, porquanto não se trata senão de uma divisão secundária, ao passo que a outra é principal. Mas subsiste igualmente a impossibilidade de deduzir, embora isso não ocorra no mesmo grau.

A insuficiência total dessa maneira de proceder se verifica facilmente se, em vez de considerá-la somente com relação à teoria da política positiva, for considerada relativamente à finalidade prática atual dessa ciência, a saber, a determinação do sistema segundo o qual a sociedade deve ser reorganizada hoje.

Pode-se, sem dúvida, estabelecer segundo as leis fisiológicas qual é, em geral, o estado de civilização mais conforme com a natureza da espécie humana. Mas, segundo o que já foi exposto, é claro que por esse meio não se poderia ir mais longe. Ora, tal noção, isolada, é pura especulação e não poderia conduzir, na prática, a qualquer resultado real e positivo. De fato, ela não oferece de forma alguma a possibilidade de conhecer de maneira positiva a que distância a espécie humana se encontra atualmente desse estado, nem a marcha que deve seguir para alcançar esse estado, nem leva a conhecer, finalmente, o plano geral da organização social correspondente. Essas determinações indispensáveis não podem evidentemente resultar senão de um estudo direto da história da civilização.

Se, apesar disso, se quiser fazer o esforço para dar uma existência prática a esse apanhado especulativo e necessariamente incompleto, não se poderia evitar de cair logo no absoluto; de fato, chega-se então a fazer consistir toda a aplicação real da ciência na formação de um tipo invariável de perfeição vaga, sem nenhuma distinção de épocas, como se procede na política conjectural. As condições segundo as quais a excelência desse tipo se encontra fixada são certamente de uma ordem muito mais positiva do que aquelas que servem de guias à política teológica e metafísica. Mas essa modificação não altera o caráter absoluto que é inerente a tal questão, seja qual for o sentido em que venha a ser formulada. A política não poderia jamais, portanto, tornar-se verdadeiramente positiva por essa maneira de proceder.

Assim, quer do ponto de vista teórico, quer do ponto de vista prático, é igualmente vicioso conceber a ciência social como uma simples consequência da fisiologia.

A verdadeira relação direta entre o conhecimento da organização humana e a ciência política, como este capítulo a caracterizou, consiste em que a primeira deve fornecer à segunda seu ponto de partida.

Compete exclusivamente à fisiologia estabelecer de maneira positiva as causas que tornam a espécie humana suscetível de uma civilização constantemente progressiva, enquanto o estado do planeta que ela habita não lhe opuser um obstáculo insuperável. Só ela pode definir o verdadeiro caráter e a marcha geral necessária dessa civilização. Só ela, finalmente, permite esclarecer a formação das primeiras agregações de homens e conduzir a história da infância de nossa espécie até a época em que chegou a dar o impulso à sua civilização, pela criação de uma língua.

É nesse ponto que se detém naturalmente o papel das considerações fisiológicas diretas na física social, que, a partir de então, baseia-se unicamente na observação imediata dos progressos da espécie humana. Mais adiante, a dificuldade de deduzir se tornaria logo muito maior, porque, a partir dessa época, a marcha da civilização adquire de repente muito mais velocidade, de modo que os termos que convém coordenar se multiplicam bruscamente. Por outro lado, as funções que a fisiologia deve exercer no estudo do passado social já não seriam necessárias; não teria mais por objetivo de utilidade suprir a falta de observações diretas. De fato, a partir do momento em que se estabelece uma língua, existem dados imediatos sobre o desenvolvimento da civilização, de maneira que não existe lacuna no conjunto das considerações positivas.

Convém acrescentar ao que precede, para obter um apanhado completo do verdadeiro papel da fisiologia na física social, que, como pressentiu muito bem Condorcet, o desenvolvimento da espécie, não sendo senão a resultante dos desenvolvimentos individuais, que se encadeiam de uma geração a outra, deve necessariamente apresentar traços gerais de conformidade com a história natural do indivíduo. Por essa analogia, o estudo do homem isolado fornece ainda certos meios de verificação e de raciocínio para aquele da espécie, distintos daqueles que acabam de ser indicados e que, embora menos importantes, têm a vantagem de se estender a todas as épocas.

Em resumo, embora a fisiologia da espécie e aquela do indivíduo sejam duas ciências absolutamente da mesma ordem, ou melhor, duas porções distintas de uma ciência única, nem por isso é menos indispensável concebê-las e tratá-las separadamente. Importa que a primeira tome sua base e seu ponto de partida na segunda para ser verdadeiramente positiva. Mas, depois, deve ser estudada de maneira isolada, apoiando-se na observação direta dos fenômenos sociais.

Era natural que se procurasse fazer entrar inteiramente a física social no domínio da fisiologia, quando não se via outro meio de imprimir-lhe o caráter positivo. Mas esse erro hoje não seria mais desculpável, pois é fácil convencer-se da possibilidade de tornar positiva a ciência política, baseando-a na observação imediata do passado social.

Em segundo lugar, no momento em que o estudo das funções intelectuais e afetivas saiu do domínio da metafísica para entrar naquele da fisiologia, era muito difícil evitar todo exagero na fixação da verdadeira esfera fisiológica sem nela compreender também o exame dos fenômenos sociais. A época das conquistas não pode ser aquela dos limites precisos. Por isso, Cabanis, que foi um dos principais cooperadores dessa grande revolução, deve ser particularmente desculpado de ter se iludido a esse respeito. Mas hoje, quando uma análise severa pode e deve suceder à concatenação do primeiro impulso, nenhuma causa pode impedir de desconhecer a necessidade de uma divisão indispensavelmente exigida pela fraqueza do espírito humano.

Nenhum motivo real pode levar a isolar, no estudo do indivíduo, os fenômenos especialmente chamados morais dos outros fenômenos. A revolução que os ligou a todos entre si deve ser considerada como o passo mais essencial que a fisiologia tenha dado até agora sob o aspecto filosófico.

Pelo contrário, considerações de primeira ordem de importância demonstram a absoluta necessidade de separar o estudo dos fenômenos coletivos da espécie humana daquele dos fenômenos individuais, estabelecendo, de resto, entre essas duas grandes seções da fisiologia total, sua relação natural. Esforçar-se por fazer desaparecer essa indispensável divisão seria cair num erro análogo, embora inferior, àquele tão justamente combatido pelos verdadeiros fisiologistas, que apresenta o estudo dos corpos vivos como uma consequência e um apêndice do estudo dos corpos inertes.

Essas são as quatro tentativas principais feitas até agora com o objetivo de elevar a política à categoria das ciências de observação e cujo conjunto constata, da maneira mais decisiva, a necessidade e a maturidade desse grande empreendimento. O exame especial de cada uma delas confirma, sob um ponto de vista distinto, os princípios anteriormente expostos neste capítulo sobre o verdadeiro meio de conferir à política científica um caráter positivo e, por conseguinte, de captar com segurança a concepção geral do novo sistema social, que só pode terminar com a crise atual da Europa civilizada.

Pode-se, portanto, considerar como estabelecido, *a priori* e *a posteriori*, sobre demonstrações reais, que, para atingir esse objetivo capital, é necessário considerar a ciência política como uma física particular, baseada na observação direta dos fenômenos relativos ao desenvolvimento coletivo da espécie humana, tendo por objeto a coordenação do passado social e, por resultado, a determinação do sistema que a marcha da civilização tende a produzir hoje.

Essa física social é evidentemente tão positiva como qualquer outra ciência de observação. Sua certeza intrínseca é também totalmente real[7]. As leis que ela descobre, ao satisfazer o conjunto dos fenômenos observados, merecem inteira confiança em sua aplicação.

Como todas as outras, essa ciência possui, além disso, meios gerais de verificação, até mesmo independentemente de sua relação necessária com a fisiologia. Esses meios estão baseados no fato de que, no estado presente da espécie humana, considerada em sua totalidade, todos os graus de civilização coexistem nos diversos pontos do globo, desde aquele dos selvagens da Nova Zelândia até aquele dos franceses e dos ingleses. Assim, a concatenação estabelecida segundo a sucessão dos tempos pode ser verificada pela comparação dos lugares.

---

(7) Sem dúvida é supérfluo deter-se para refutar as objeções infinitamente exageradas, apresentadas por vários autores, e sobretudo por Volney, contra a certeza dos fatos históricos. Ainda que fosse concedida a essas objeções toda a latitude que esses escritores lhe conferiram, elas não atentariam de forma alguma contra os fatos de certo grau de importância e de generalidade, que são os únicos dignos de ser considerados no estudo da civilização.

À primeira impressão, essa nova ciência parece reduzida à simples observação e totalmente privada do auxílio das experiências, o que não a impediria de ser positiva, tal como a astronomia. Mas, na fisiologia, independentemente das experiências sobre os animais, os casos patológicos são realmente um equivalente de experiências diretas sobre o homem, porque alteram a ordem habitual dos fenômenos. De igual modo e por um motivo semelhante, as épocas multiplicadas em que as combinações políticas tenderam, mais ou menos, a deter o desenvolvimento da civilização devem ser consideradas como aptas para fornecer à física social verdadeiras experiências, ainda mais apropriadas do que a observação pura para desvendar ou confirmar as leis naturais que presidem à marcha coletiva da espécie humana.

Se, como ouso esperar, as considerações apresentadas neste capítulo chegarem a sensibilizar os sábios da importância e da possibilidade de estabelecer uma política positiva no espírito anteriormente indicado, apresentarei então com pormenores minha opinião sobre a maneira de executar esta primeira série de trabalhos. Mas creio útil relembrar, ao terminar, a necessidade de dividi-la, antes de tudo, em duas ordens: uma de trabalhos gerais e a outra de trabalhos específicos.

A primeira ordem deve ter por objetivo estabelecer a marcha geral da espécie humana, abstração feita de todas e quaisquer causas que possam modificar a velocidade de sua civilização e, por conseguinte, de todas as diversidades observadas de povo para povo, por maiores que possam ser. A segunda ordem terá por fim apreciar a influência dessas causas modificadoras e, por conseguinte, formar o quadro definitivo, no qual cada povo ocupará o lugar especial correspondente o seu próprio desenvolvimento.

Uma e outra classes de trabalhos, mas sobretudo a última, são possivelmente suscetíveis, em sua execução, de vários graus de generalidade, cuja necessidade se torna particularmente sensível aos sábios.

A obrigação de executar a primeira ordem de trabalhos antes da segunda está baseada nesse princípio evidente, aplicável à fisiologia da espécie como aquela do indivíduo, de que as idiossincrasias devem ser estudadas somente após o estabelecimento de leis gerais. Se essa regra for violada, seria necessário renunciar absolutamente a obter qualquer noção nítida.

Quanto à possibilidade de proceder assim, resulta de que há hoje um número bastante expressivo de pontos particulares bem esclarecidos para que se possa ocupar diretamente de uma coordenação geral. Os fisiologistas não esperaram, para formar-se uma ideia do conjunto da organização, que todas as funções especiais fossem conhecidas. O mesmo deve ocorrer na física social.

Ao precisar mais as considerações precedentes, vê-se que tendem a estabelecer que, na formação da ciência política, convém proceder do geral para o particular. Ora, se esse preceito for examinado de uma maneira direta, é fácil reconhecer que é perfeitamente justo.

A marcha que o espírito humano segue na pesquisa das leis que regem os fenômenos naturais apresenta, no aspecto que nos ocupa, uma importante diferença, conforme estuda a física dos corpos brutos ou a física dos corpos organizados.

Na primeira, o homem não é mais do que uma parte imperceptível de uma sequência imensa de fenômenos, da qual não pode esperar, sem uma louca presunção, perceber algum dia o conjunto, vendo-se, portanto, obrigado, logo que começa a estudá-los com espírito positivo, a considerar primeiramente os fatos mais particulares para se elevar em seguida e gradualmente à descoberta de algumas leis gerais, que mais tarde se tornam o ponto de partida de suas pesquisas. Pelo contrário, na física dos corpos organizados, como o homem forma o tipo mais completo do conjunto dos fenômenos, suas descobertas positivas começam necessariamente pelos fatos mais gerais que lhe emprestam a seguir uma luz indispensável para esclarecer o estudo de um gênero de detalhes, cujo conhecimento, por sua natureza, lhe será para sempre interdito. Numa palavra, nos dois casos, o espírito procede do conhecido para o desconhecido; mas, no primeiro caso, começa por ascender do particular para o geral, porque o conhecimento dos pormenores é mais imediato para ele do que o conhecimento das massas; ao passo que, no segundo, começa a descer do geral ao particular, porque conhece mais diretamente o conjunto do que as partes. O aperfeiçoamento de cada uma das duas ciências consiste essencialmente, sob o aspecto filosófico, a permitir-lhe adotar o método da outra, sem que esta se torne, no entanto, para ele tão própria como seu método primitivo.

Após ter considerado essa lei do ponto de vista mais elevado da filosofia positiva, pode-se verificá-la facilmente ao observar a marcha que seguiu até hoje o desenvolvimento das ciências naturais, desde o momento em que cada uma delas cessou definitivamente de ter o caráter teológico ou metafísico.

Com efeito, no estudo dos corpos brutos, ao examiná-lo primeiramente quanto a suas divisões principais, vê-se a astronomia, a física e a química começar por serem absolutamente isoladas umas das outras, mas que depois se aproximam sob aspectos sempre mais múltiplos, de tal modo que finalmente se pode hoje perceber nelas uma tendência manifesta para formar um só corpo de doutrina. De igual modo, considerando à parte cada uma delas, é vista nascer do estudo dos fatos, inicialmente incoerentes, e chegar por graus às generalidades atualmente conhecidas. Foi somente na astronomia, e em algumas seções da física terrestre, que o espírito humano pôde chegar até aqui a seguir, sob aspectos fundamentais, a marcha oposta. Pode-se até mesmo dizer que, na astronomia, a marcha primitiva não foi alterada pela lei da gravidade universal, a não ser sob um aspecto realmente secundário, quanto ao conjunto dos fenômenos, embora principal relativamente a nós. De fato, essa lei não abraça ainda, e provavelmente jamais chegará a abranger, em suas aplicações, os fatos astronômicos mais gerais que consistem nas relações dos diferentes sistemas solares, acerca dos quais não temos até hoje nenhum conhecimento. Essa observação, incidindo sobre o ramo mais perfeito da física inorgânica, oferece uma verificação marcante do princípio que estou expondo.

Se for examinada agora a parte desse princípio que se relaciona ao estudo dos corpos vivos, a confirmação é também sensível. Em primeiro lugar, a concatenação geral das funções de que se compõe uma organização é certamente mais conhecida hoje do que a ação parcial de cada órgão; e, de igual modo, sob um ponto de vista mais amplo, o estudo das relações gerais que existem entre as diversas organizações, quer animais, quer vegetais, é sem dúvida mais adiantado do que o estudo de cada organização particular. Em segundo lugar, os principais ramos de que se compõe hoje a física orgânica foram inicialmente confundidos e não foi senão em virtude dos progressos da fisiologia positiva que se chegou a analisar com precisão os diferentes pontos de vista gerais sob os quais um corpo vivo pode ser considerado, de maneira a fundar sobre essas distinções uma divisão racional da ciência. Isso é de tal maneira exato que, visto o pouco tempo passado desde que a física dos corpos organizados se tornou verdadeiramente positiva, a distribuição de suas partes principais ainda não está concluída de uma maneira perfeitamente nítida. O fato se torna mais sensível ainda ao passar da ciência para os sábios, porque estes são evidentemente bem menos especialistas sem sua ordem de trabalhos do que os sábios dedicados ao estudo dos corpos brutos.

Pode-se, portanto, considerar como estabelecido, pela observação e pelo raciocínio, que o espírito humano procede principalmente do particular para o geral na física inorgânica e, pelo contrário, do geral para o particular na física orgânica; que, pelo menos, é incontestavelmente seguindo essa marcha que se efetuam durante muito tempo os progressos da ciência, desde o momento em que ela assume o caráter positivo.

Se a segunda parte dessa lei foi desconhecida até o presente, se foi sempre tido por verdadeiro que, numa ordem qualquer de pesquisas, o espírito humano procedia sempre e necessariamente do particular para o geral, esse erro se explica de uma maneira muito natural, considerando que a física dos corpos brutos, a qual foi a primeira a desenvolver-se, isto é, a praticar a observação da marcha que foi própria àquela ciência, e assim foram fundados os primeiros preceitos da filosofia positiva. Mas o prolongamento de tal erro já não tem desculpa alguma, hoje que a observação filosófica pode incidir sobre as duas ordens de ciências humanas.

Ao aplicar à física social, que não passa de um ramo da fisiologia, o princípio que acabo de estabelecer, demonstra evidentemente a necessidade de começar no estudo do desenvolvimento da espécie humana pela coordenação dos fatos mais gerais para descer em seguida e gradualmente a um encadeamento cada vez mais preciso. Mas, a fim de não deixar nenhuma incerteza sobre esse ponto essencial, convém verificar o princípio de maneira direta nesse caso particular.

Todas as obras históricas escritas até hoje, mesmo as mais recomendáveis, não tiveram essencialmente e não puderam ter necessariamente senão o caráter de *anais,* ou seja, de descrição e de disposição cronológica de certa sucessão de fatos particulares, mais ou menos importantes e mais ou menos exatos, mas sempre isolados entre si. Sem dúvida, as considerações relativas à coordenação e à filiação dos fenômenos políticos não foram inteiramente negligenciadas, sobretudo há meio século. Mas é claro que essa miscelânea ainda não refundiu ainda o caráter desse gênero de composição que não deixou de ser literária[8]. Não existe ainda até hoje uma verdadeira *história,* concebida num espírito científico, ou seja, tendo por objetivo a pesquisa das leis que presidem o desenvolvimento social da espécie humana, o que é precisamente o objeto da série de trabalhos considerada neste capítulo.

A distinção precedente basta para explicar por que se acreditou quase universalmente até agora que também na história era necessário proceder do particular para o geral e por que, ao contrário, hoje se deve proceder do geral para o particular, sob pena de não obter resultado algum.

De fato, quando se trata somente de elaborar com exatidão *anais* gerais da espécie humana, deve-se evidentemente começar por elaborar aqueles dos diferentes povos e esses não podem ser senão baseados em crônicas de províncias e de cidades ou até em simples biografias. De modo semelhante, sob outro aspecto, para

---

(8) Aqui não se trata senão de estabelecer um fato; não de julgá-lo. Por outro lado, estou muito convencido da utilidade e até da necessidade absoluta dessa classe de escritos como trabalho preliminar. Espero que não me atribuam o erro de pensar que poderia ter havido história sem anais. Mas é igualmente certo que os anais não constituem história, como coletâneas de observações meteorológicas não o são para a física.

formar os anais completos de cada fração qualquer da população é indispensável reunir uma série de documentos separados relativos a cada um dos pontos de vista sob os quais a população deve ser considerada. É assim que se deve necessariamente proceder para chegar a compor os fatos gerais que são os materiais da ciência política, ou melhor, o objeto sobre o qual incidem suas combinações. Mas uma marcha inteiramente oposta torna-se indispensável logo que se chegar à formação direta da ciência, isto é, ao estudo da concatenação dos fenômenos.

Com efeito, por sua própria natureza, todas as classes de fenômenos sociais se desenvolvem simultaneamente e sob a influência uns dos outros, de tal maneira que é absolutamente impossível explicar a marcha seguida por cada uma delas, sem ter previamente concebido de uma maneira geral a progressão do conjunto.

Cada um reconhece hoje, por exemplo, que a ação recíproca dos diversos Estados europeus é muito importante para que suas respectivas histórias possam ser verdadeiramente separadas. Mas a mesma impossibilidade não é menos sensível com relação às diversas ordens de fatos políticos que são observados numa sociedade única. Os progressos de uma ciência ou de uma arte não estarão em conexão evidente com aqueles das outras ciências ou das outras artes? O aperfeiçoamento do estudo da natureza e aquele da ação sobre a natureza não dependem um do outro? Não estão ambos estreitamente ligados com o estado da organização social, e reciprocamente? Assim, para conhecer com precisão as leis reais do desenvolvimento especial do segmento mais simples do corpo social, dever-se-ia necessariamente obter simultaneamente a mesma precisão para todos os outros, o que é de um absurdo manifesto.

Deve-se, portanto, pelo contrário, propor-se em primeiro lugar conceber em sua maior generalidade o fenômeno do desenvolvimento da espécie humana, isto é, observar e concatenar entre si os progressos mais importantes que ela realizou sucessivamente nas principais direções diferentes. Tender-se-á em seguida a conferir gradualmente a esse quadro uma precisão cada vez maior, subdividindo sempre mais os intervalos de observação e as classes de fenômenos a observar. De igual modo e sob um enfoque prático, o aspecto do futuro social, determinado primeiramente de uma maneira geral, resultante de um primeiro estudo do passado, tornar-se-á cada vez mais detalhado à medida que o conhecimento da marcha anterior da espécie humana se desenvolver. A última perfeição da ciência, que provavelmente nunca será atingida de maneira completa, consistiria, sob o aspecto teórico, em fazer conceber com exatidão, desde a origem, a filiação dos progressos de uma geração a outra, seja para o conjunto do corpo social, seja para cada ciência, para cada arte, para cada parte da organização política; e, sob o aspecto prático, em determinar rigorosamente, em todos os seus detalhes essenciais, o sistema que a marcha natural da civilização deve tornar dominante.

Esse é o método estritamente ditado pela natureza da física social.

IMPRESSÃO E ACABAMENTO:
GRÁFICA OCEANO